本专著是 2020 年度广西高校中青年教师科研基础能力提升项目
“一带一路背景下广西地方博物馆外宣翻译现状调查与研究”
(2020KY63017) 的阶段性成果之一

英汉翻译的
跨文化传播视角研究

刘庚玉 著

山西出版传媒集团
山西经济出版社

图书在版编目(CIP)数据

英汉翻译的跨文化传播视角研究 / 刘庚玉著. — 太原 : 山西经济出版社, 2020.6
ISBN 978-7-5577-0773-6

Ⅰ. ①英… Ⅱ. ①刘… Ⅲ. ①英语—翻译—研究 Ⅳ. ① H315.9

中国版本图书馆 CIP 数据核字(2020)第 263626 号

英汉翻译的跨文化传播视角研究

著　　者: 刘庚玉
责任编辑: 侯轶民
特约编辑: 张素琴　张玲花　许　琪　庄凌玲
装帧设计: 崔　蕾

出 版 者: 山西出版传媒集团 · 山西经济出版社
地　　址: 太原市建设南路 21 号
邮　　编: 030012
电　　话: 0351-4922133 (市场部)
　　　　　0351-4922085 (总编室)
E—mail: scb@sxjjcb.com (市场部)
　　　　zbs@sxjjcb.com (总编室)
网　　址: www.sxjjcb.com

经 销 者: 山西出版传媒集团 · 山西经济出版社
承 印 者: 北京亚吉飞数码科技有限公司

开　　本: 787mm × 1092mm　1/16
印　　张: 16
字　　数: 207 千字
版　　次: 2021 年 8 月　第 1 版
印　　次: 2021 年 8 月　第 1 次印刷
书　　号: ISBN 978-7-5577-0773-6
定　　价: 80.00 元

前　言

文化传播推动了文化的交流，正如英国哲学家罗素（Russell）所言："不同文明之间的交流是人类文明发展的里程碑。"毫无疑问，在人类文明的发展与交流史中，跨文化传播起着巨大的推动作用。另外，在文化交流中，翻译承担的责任越来越大，在跨文化传播中发挥的作用也日益凸显。就翻译的本质而言，翻译与跨文化传播的本质属性基本相同，所以翻译有着跨文化传播的属性及特点，其对社会文化的繁荣有着巨大的推动作用。借助翻译这一文化桥梁，我们可以将本国文化推向更广阔的世界文化之林，与世界文明和谐交流，甚至引发思维上的变革。基于此，笔者精心策划并撰写了《英汉翻译的跨文化传播视角研究》一书。

本书共有九章。跨文化传播是处于不同文化背景下的社会成员之间的人际交往与信息传播活动，其涉及语言、文化、传播等诸多领域，所以第一章作为本书的开篇，对跨文化传播进行了概述，对文化、传播的内涵，二者之间的关系以及跨文化传播的研究进行了解读。第二章为翻译的跨文化传播属性研究，探讨了翻译的本质与标准、翻译的跨文化传播属性分析、翻译的跨文化传播功能阐释。翻译是不同国家和民族之间的文化交流方式，但从本质上说，它也是一种跨文化传播行为，所以翻译与跨文化传播应该融合起来进行探究。第三章为跨文化传播视角下英汉翻译的原则与方法。第四章至第七章将跨文化传播与翻译实践有机地融合起来进行探究，分别为英汉语言修辞翻译、英汉特殊词汇翻译、英汉社交礼仪翻译、英汉习俗翻译的跨文化传播视角研究。第八章重点研究了翻译与中国文化传播的理论，首先分析了中国文化内涵与特点，然后论述了汉译英中的文化空缺现象，最后介绍了汉译英中文化空缺的对策。第九章为翻译与中国文化传播的实践探究，对汉语的楹联文化、戏曲文化、唐诗文化及其英译进行了研究。

本书从跨文化传播视角入手，对英汉翻译理论与实践进行了全面、细致的探索，具有以下几个鲜明特点。第一，本书以跨文化传播为基础和切入点来探讨英汉翻译，不仅视角新颖，而且符合社会的发展潮流，为英汉翻译理论与实践研究指明了未来的发展方向。第二，本书首先从基础理论分析入手，概括论述了文化、传播以及跨文化传播等基础概念，然后重点论述了跨文化传播视角下的英汉翻译实践，不仅做到了理论与实践的有机结合，而且逻辑缜密、结构合理。第三，本书语言通俗易懂，内容丰富翔实，而且实用性极强。无论是对于学生、教师还是致力于英汉翻译研究的专业人士而言，本书都有着重要的学习和借鉴价值。

本书在写作前搜集了诸多与文化、跨文化交际、英语翻译相关的文献资料，并在写作过程中引用了很多相关专家和作者的观点，在这里致以诚挚的谢意，并将参考资料列于书后，如有遗漏，敬请谅解。由于作者学识有限，书中疏漏之处实所难免，恳请广大读者不吝指正。

作　者

2020 年 4 月

目　录

第一章　跨文化传播概论

文化与传播相互交织在一起，形成了人们在跨文化传播过程中所特有的视角。语言作为一种工具性的存在，是人们理解传播、文化与意识的关键所在。在文化传播过程中，文化、传播、语言这三个元素看似独立，实则密切结合为一个整体。本章主要阐述了文化的内涵、传播的概念、文化与传播的关系以及跨文化传播研究。

第一节　文化的内涵解析

文化是人类在历史长河中创造的物质文明和精神文明的总和，是人类社会特有的现象。文化作为一种社会现象，其主要是由社会的生产方式、生活方式、人际交往方式、道德规范、社会准则、价值观念等构成的复合体。

"文化"一词是随着人类历史的发展而不断丰富起来的。

在中国的古籍中，"文化"一词源于"文"和"化"两个字。"文"即指文字、文章、文采。《说文》曰："文，错画也。象交文。"《左传·昭公二十五年》注："青与赤谓之文，赤与白谓之章，白与黑谓之黼，黑与青谓之黻。"后又指礼乐制度、法律条文等。"化"是"教化""教行"的意思。教行于上，则化成于下。《老子·第五十七章》曰："我无为而民自化。"中国人论述"文化"始于《周易》。《周易》有所谓："观乎天文，以察时变；观乎人文，以化成天下。"即通过了解自然现象和人文现象，用教育感化的方法治理天下。至汉朝，“文”与“化”合为一词而出现，其意思与“武功”相对。刘向《说苑·指武》篇中说“凡武之兴，为不服也，文化不改，然后加诛”，晋人也有“文化内辑，武功外悠”的说法，即非武力的文教治理手段。唐代孔颖达则以“圣人观察人文，则诗书礼乐之谓”解《周易》中“文化”的意义，认为“文化”就是文学礼仪风俗。至清代顾炎武更扩大了“文化”一词的内涵。他在《日知录》中说“自身而至于家国天下，制之为度数，发之为音容，莫非文也”，认为个人行为方式及国家典章制度，都属于“文化”的范畴。可见，古人对“文化”概念的定义思路是由窄渐宽的。

西方人“文化”的出现要比中国人晚，但比中国古文献的论述要广泛、科学。西方语言中的 culture，在 1690 年安托万·菲雷蒂埃的《通用词典》中，其定义为“人类为使土地肥沃，种植树木和栽培植物所采取的耕耘和改良措施”。西方人观念中最早的“文化”只是指人类从事某种活动的才干和能力。19 世纪中叶以后，“文化”一词才成为表述一个概念体系的术语。至近代，社会学、人类学、哲学、社会心理学等从各自学科的视角来给“文化”一词下定义。

文化在文化学或人类学中的定义通常是指人类社会区别于其他动物的全部活动方式以及活动的产品。但在实际的文化研究领域，由于文化要素复杂，内涵广泛，专家给出的定义不胜枚举。到现在为止，专家学者下的定义已有 300 多种。

西方近现代人类学家、社会学家和社会心理学家对文化的认识呈现出多角度、动态性的特点。1952 年，美国文化学家克罗伯（A.L.Kroeber）和克拉克洪（C.K.M.Kluckhohn）发表《文化概念和定义的批评考察》一文，考察了自 1871 年至 1951 年期间关于文化的 160 多种定义，并做了评析。在此基础上，他给文化下了一个较为全面、科学的定义：

文化是由外显的和内隐的行为模式构成的；这种行为模式通过象征符号而获得和传递；文化代表了人类群体的显著成就，包括他们在人造器物中的体现；文化的核心部分是传统的（即历史的获得和选择的）观念，尤其是它所带来的价值；文化体系一方面可以看作活动的产物，另外，则是进一步活动的决定因素。

这一文化的综合定义基本为现代东西方的学术界所认可，有着广泛的影响。

综上所述，我们可以得出这样的结论："文化"作为一个概念，可以有广义和狭义的理解。狭义的文化，一是指社会意识形态层面上，人类一定范围的社会群体中所具有的共性价值观、行为准则和行为方式，也即是个人行为能力为集体所接受的共同标准；二是指在此基础上建立起来的社会组织结构和社会制度。广义的文化还包括社会意识形态借以形成的物质基础——社会生产力和生产方式的直接产品。人类在生存实践中不断地认识自然、改造自然及改造自身以适应自然，从这个意义上来说，人类在社会实践中形成的一切物质遗产都是文化的组成部分。因此，这里对文化取其广义的理解——包括精神和物质两个方面。

第二节　传播的概念解析

如果文化即传播，那么什么是"传播"呢？传播仅限于文字形式吗？当然不。那么它是在两个或多个人意见达成一致的时候出现的吗？也不是。即使两个人就同一个标志、符号或信号的含义理解发生分歧，传播也会发生。那么只有当一个人意图表达的含义为另外一个人所理解的时候，才会出现传播吗？答案也是否定的。中国人常说"有所为，有所不为"。在传播学领域，已经有研究证明我们的"为"与"不为"，对于他人而言都存在一定的含义，而且我们所希望传递的含义与对方实际领会的含义未必相同。那么，传播是一种行为吗？回答依旧是"不"，因为强有力的信息依然可以在没有任何行为存在的情况下传递出去。即便是诸如书本和电视这些没有生命的物体，也可以开启沟通之门。对于一个需求或问题不能给出回应的举动，其可以传递比有声回应更为强大的信息。或许对于没有生命的物体,形容它们“进行传播”并不合适。但是,传播恰恰就是在信息交会的节点产生的,这个节点称为“自我”。

对丁传播的过程,有两种认识是不准确的:其一,将传播过程视为一条直线,即认为信息传播在一条线性的、单向的交流过程中得以完成。这种观点容易使人产生一种判断:传播不需要他人的回应和协商,同时也极大地掩盖了传播过程的开放性与复杂性。其二,将传播过程看作一个圆圈,即认为信息传播是没有停顿、周而复始的“循环”过程。虽然这种观点注意到传播过程不断运动的一面,但同时忽略了一个事实:传播过程中一切都可能发生变化,同时也总会有新的东西出现。无论如何,传播是复杂的、多向的、有目标和需求的信息交流与共享。当然,信息共享是有条件的,在某些特定的环境和条件下,传播双方很难实现信息共享。

在亚里士多德学派看来,传播是一个线性存在(linear)的过程。在这个过程中,信息从信息发送者经由渠道直抵信息接收者。20世纪最能体现亚里士多德学派特点的传播模型就是香农(Claude Shannon)和韦弗(Warren Weaver)提出的单向传播模型,即香农-韦弗传播模型。身为电机工程师的香农和韦弗最早致力于研究两个机器之间如何沟通交流。在研究过程中,他们提出了一个模型并据此指出,信息在传播过程中并不受限于人们的意识活动(比如解释);信息发出者对信息进行编码,之后信息经由一个完全中立的、对信息本身不会施加任何影响的渠道,传递给信息接收者,然后信息接收者再对信息进行解码。在信息传递过程中,一切对信息有影响的事物和现象均被视为传播的噪音。

在香农和韦弗看来,信息发送者和接收者共享同一个符码(shared code),这个符码脱离语境而独立存在,因而无论传播活动生成的语境是什么,信息接收者面对该符码时,只能采用唯一一种,即正确的解码方式来与信息发送者交流。根据香农-韦弗传播模型,语言的本质是一套由规则(比如语法)所构成的符码体系(code system)。一个人所传递的信息只有在具备逻辑一致性并且(或者)可以通过实践得以检验的时候,才会具备意义(meaning),否则就会被视为噪音。

如果在这里套用霍尔提出的高低语境概念,可以认为香农-韦弗传播模型所描述的传播是一种低语境传播,在这个传播过程中,所有的信息都被包含在清晰的编码之中,力求意义的准确清晰,极力避免含义不清,表意不明(见图 1-1)。

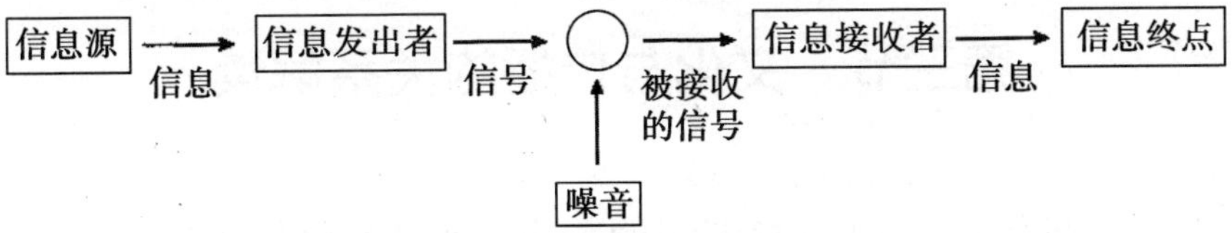

图 1-1 香农-韦弗传播模型

资料来源:艾瑞克·克莱默(Eric Mark Kramer)、刘杨,2015

不同于还原论将形式和内容区别对待的做法,相对论认为形式与内容不可分离。因此,传播这个举动本身不仅在传递语义,同时也作为一种语义而存在。正如麦克卢汉所言,媒介本身即是信息。

人们从比较诠释学(comparative hermeneutics)汲取灵感,将语言传播视为一个比编码和解码更复杂的传播现象,进而对语言和传播之间的关系进行深层次的探讨。有很多语言学家坚持认为,人们在使用语言的同时,以语言为载体,可以在文化和社会心理层面表达自己的身份以及自己与他人的关系。当诸如文化、历史、阶级、教育及其他语境维度被我们纳入考虑范围,而且当这些语境被认为对一个信息的含义至关重要的时候,我们就以这样的方式对诠释学进行了实践。正因如此,诠释学趋向于相对主义,而包括认知主义和笛卡尔语言学在内的分析性哲学则倾向于把信息的含义分解为一种客观的信息输出,并认为决定这种信息输出的是语法结构而非具有感知能力的主体。

对信息进行系统分析的最早尝试就始于诠释学。尽管马丁·海德格尔(Martin Heidegger)、路德维希·维特根斯坦

(Ludwig Wittgenstein)和约翰·奥斯丁(J. L. Austin)等学者,因其将语言理论化为我们的存在方式(mode of being)而备受赞誉,但实际上其他许多学者也持类似观点。比如古希腊的伊索克拉底(Isocrates)认为,人们思考的载体是文字,因此一个人对语言的驾驭能力越高,这个人就越聪明。伊索克拉底的这个观点时至今日被有些学者称为"认知复杂性"(cognitive complexity)。

第三节　文化与传播的关系解读

文化与传播之间有着密切的关系,前两节分析了文化与传播的基础知识,本节就对二者的关系展开论述和探讨。

一、传播使文化得以延续

文化是在传播过程中生成、发展、变迁的,传播是形成、保存和发展人类文化的必由之路。只有通过传播,文化才有生机和活力,并不断发展下去。

区域文化的联系在人类早期社会就已存在,相邻部落的联系也一直都存在,而且借助传播而不断扩展开来。后来的历史经验也表明,文化依赖于传播的建构活动,文化的形成和发展一直受传播的影响。在传播过程中,文化中的经验、知识、技术、思想等逐渐发展、丰富,同时进行新的文化创造与积累。

二、文化是传播的语境

没有文化的传播和没有传播的文化是不存在的,这主要包括以下两种内涵。

(1)传播是基于人类生存与发展的需求而产生的,体现于人们的日常生活中,是人类的一种主要生存方式。

(2)文化具有明显的动态性,文化从一产生就有向外扩展与传播的冲动，文化的传播是文化生存与发展的必然需求。

爱德华·霍尔将文化视作传播。他认为，人类的任何传播都离不开文化，没有传播，也就没有文化。此外，他对文化与人的传播行为之间的重要关系予以了描述，阐明了文化如何在人与外部世界之间设置具有高度选择性的“屏障”，为人们提供了外部世界的结构，使文化以多种形态决定人们该注意哪些方面，不注意哪些方面，同时决定了人们的选择。

总之，文化是传播的结果，所有的文化都是混合而成的，没有哪一种文化是独立单纯的。

三、传播促进文化变迁与整合

文化的变迁指的是世界上的文化均处于不断发展与变化中，都经历着产生、发展、变化、衰退和再生的过程。传播是文化变迁最根本的原因。例如，20世纪初中国发生的“五四”运动和新文化运动，是中国近现代社会的一次大规模的文化变迁，这主要是在西方民主和科学思想传播影响下形成的。

文化整合与文化变迁相互关联，涉及不同文化的兼容和重组，是不同文化之间彼此吸收、认同并趋于一体化的过程。研究者在考察英属北美殖民地时期英国文化的地位时发现，尽管英国文化在殖民地占有主导地位，但因为这里的移民群体还来自西欧其他国家，所以殖民地的文化实质上是多元的，其中也包括印第安人的文化——不仅吸收印第安人的农业技术、军事经验和生产知识，甚至包括美国宪法的制订都参考过易洛魁人的政治经验。在今天看来，印第安文化对美国的影响，不仅反映在美国文化的不同方面和不同层次中，甚至也反映在美国人的性格之中。

中国文化就是不同文化要素和谐适应的过程和结果。历史地看，中国文化并不是单一族群的文化，而是历经数千年、融合中华大地所有族群文化的中华民族文化，不仅兼容了中原文化、吴越文化、巴蜀文化、楚文化等不同文化元素，还融合了周边各个族群的文化以及外来文化。这种整合既是社会发展的结果,也是跨文化传播的产物。中国文化历经几千年而仍然生机盎然的一个根本性原因,就是多元文化的交融、冲突为其延续和发展提供了强大的动力。

第四节　跨文化传播研究

跨文化传播研究是由文化人类学、语言学、社会学、心理学等不同学科的学者共同开拓的。这些学科不仅构成了跨文化传播学最为直接的理论来源,也对跨文化传播研究的研究方法和研究取向具有独特的贡献,其前沿进展也为这一领域与其他知识系统的交会提供了更多的可能性。无论如何,跨文化传播学得以存在和发展的根本动力,就在于对这些学科已有理论预设的追问以及新成果的运用和重构。

一、跨文化传播的定义

跨文化传播(intercultural communication)是指具有不同文化背景的人员从事交际的过程,是文化认识和符号系统不同的人员之间的交际。它涉及方方面面的交往,如不同社群之间的交往、不同族群之间的交往、不同文化之间的交往、不同国家之间的交往。其具体包含以下几个要点。

(1)交际双方的文化背景不同,具体涉及来自不同的文化圈、来自带有文化差异的同一文化圈内部。

(2)交际双方使用同一种语言进行交际。这种语言可以是一个交际者的母语、另一个交际者的第二语言。

(3)交际双方进行交际的方式多样,如利用语言符号进行交际;利用非语言符号(如演出、画报、影像等)进行交际;进行单向交际方式,如广播、广告、电视等;进行双向交际方式;书面交际形式；口头交际形式等。

如表 1–1 所示，在跨文化传播中，各种文化的差异在程度上是不同的，产生误解的可能性大小也是不同的。

表 1–1　不同文化群体之间传播的难度

群体 A/ 群体 B	难度
西方人 / 亚洲人	大
意大利人 / 沙特阿拉伯人	↓
美国人 / 希腊人	
美国人 / 德国人	
美国人 / 法语加拿大人	
白种英裔美国人 / 保留地印第安人	
白种英裔美国人 / 非裔美国人、亚裔美国人	
美国人 / 英国人	
美国人 / 英语加拿大人	
城市美国人 / 乡村美国人	
天主教徒 / 浸礼教徒	
男权主义者 / 女性主义者	
异性恋 / 同性恋	小

跨文化交际发挥着重要的作用，它推动了人类文明的进步和社会的变迁。跨文化交际使不同国家、不同民族联系在一起，促使整个人类社会协调发展。

二、跨文化传播历史

人类进行跨文化传播活动的历史可谓源远流长。公元前 18 世纪古巴比伦王国的《汉穆拉比法典》中，就有了针对在国外购买奴婢的规定。公元前 1750 年，古埃及就有了埃及人与亚洲人交往的记载。中国历史上的周穆王西征、徐福东渡、张骞通西域、甘英出使大秦等，亦是跨文化传播活动的具体表现。繁盛一时的丝绸之路，川流不息的遣隋使、遣唐使，更堪称人类历史中跨文化传播的典型范例。距今 600 年前，郑和船队 7 次跨越南中国海和印度洋，远达阿拉伯半岛和非洲东海岸。接下来的一个世纪里，西方探险家迪亚士、达·伽马、哥伦布等人的足迹从欧洲延伸到世界各地，开启了地理大发现的伟大时代，伴随而来的海外贸易与殖民活动促进了世界范围的交往,人类的跨文化传播活动也开始了新的篇章。随着跨文化传播活动的不断增多,不少跨文化传播的实践者便开始关注这一现象。系统地研究跨文化传播活动的第一人是20世纪50年代的爱德华·霍尔。

三、跨文化传播的现状

在全球化的影响下,跨文化传播愈加频繁。这不仅是科学技术发展的结果,同时体现出世界经济、文化的重要变化。下面对跨文化传播的现状进行分析与说明。

(1)现在地球居民越来越多,20世纪末世界总人口便已经超过了60亿大关。而与人口数量相对,地球资源却具有有限性,一些基本的生活资料日益减少。人们通过互相沟通与交换来使用地球上的有限资源,跨文化传播对世界资源的协调发展有着重要的媒介作用,这也是跨文化传播发展迅速的重要客观原因。

(2)地球政治文明是一个牵一发动全身的有机整体,当世界某一地区出现争端时,总会对其他地区产生一定的影响。因此,不同的国家和地区开始使用跨文化传播的方式积极展开交流与沟通,从而处理不同的危机与争端。

(3)跨文化传播发展的条件十分便利。随着信息技术的发展,世界传播与运输方式得以向着更加即时、快捷的方向前进,提高了传播的效率。同时,世界经济的发展,使得国际旅游活动发生的数量剧增,人们有更多的机会和条件来了解其他国家、民族、文化,促进了国家沟通与交流的进行。国际贸易也是跨文化传播出现与发展的重要契机。信息化时代的到来,更是使得人们足不出户便可以进行国家间的沟通与传播。

(4)需要指出的是,在跨文化传播过程中,商业上的问题十分突出。由于全球化进程的加快,很多跨国企业都在积极开拓国际市场,使得世界竞争更加激烈。在这些跨国公司中,员工来自五湖四海,因此在交流过程中也是一种跨文化传播。

（5）在教育方面，跨文化传播也有着重要的影响作用。例如，现在很多高校都积极展开国际学习合作，如果一些学生无法和来自其他文化背景下的学生进行交流，就难以在学习上取得更大的进步。

第二章　翻译的跨文化传播属性研究

跨文化传播研究主要是根据文化与传播的关系,分析异质文化在传播过程中发生的变化以及文化变化对传播的影响,探讨传播对人类文化意识、文化行为,以及文化习俗等方面的影响。

第一节　翻译的本质与标准

翻译的概念是翻译理论的基础与原点。翻译理论的很多流派都对翻译进行过界定。人们的翻译活动已经有 2000 多年的历史了,对翻译概念的认知也随之发生了改变。

在将文化性体现出来的同时,很多学者习惯采用“跨文化交流”或“跨文化交际”这样的说法。学者普罗瑟认为,跨文化交流活动需要的是双向互动,但是跨文化传播需要的则是单向互动。[①]由于具体的翻译活动往往呈现的是单向过程,因此决定了翻译活动应该是一种传播活动。所以,如果确切地对翻译进行界定的话,可以将翻译定义为“一种跨文化传播活动”。

如果翻译的语言特征体现为不同语言之间的转换,那么翻译的文化特征体现的则是文化移植。无论是从语言转换的角度,还是从文化移植的角度,翻译都是单向性的。

“意义”相比费奥多罗夫的“所表达出的东西”,更具有术语性,用其解答什么是翻译的问题是翻译学界的一大进步。但是也

① 普罗瑟.文化对话:跨文化传播导论[M].何道宽,译.北京:北京大学出版社,2013:3.

不得不说,有时候运用“意义”对翻译进行界定会引起某些偏差,因为很多人在理解意义时往往会受到结构主义语言学的影响,认为语言是有着固定的、明确的意义的。

20世纪下半叶,结构主义学派的意义观受到了解释哲学、现象学等的挑战,在他们看来,语言的意义绝对不是像结构主义学派认为的那样是透明的、不变的。就意义的角度对翻译进行界定,有时候需要添加一些附加条件。例如,巴尔胡达罗夫在指出“应该保证内容(意义)的不变”的同时认为:“这只是相对来说的,并不是绝对的。在语际转换的过程中,不可避免地出现损失,即存在有些在原作中所传达的意义无法表达的情况。”

著名语言学家利奇(L. N. Leech)在指出意义的七大类型的同时,认为:“我不希望给人留下这样的印象,即这些就是所有意义的类型,能够将所传递的一切意义都表达出来。”[①] 此外,利奇还使用 sense 来表达狭义层面的意义,而对于包含七大意义在内的广义层面的意义,利奇将其称为交际价值,这对于人们认识翻译有着十分重要的意义。也就是说,源语文本中的各种意义实质上都具有不同的价值,将这些价值进行结合就是所谓的总体价值。

王宏印在对翻译进行界定时指出:“翻译的客体是文本,并指出文本是语言活动的完整作品,其是稳定、独立的客观实体。”[②] 但是,原作文本作为一个整体如何成为译本呢?笔者认为,美学中的“再现”恰好能解释这一过程。

在美学中,再现是对模仿的超越。在模仿说中,艺术家的地位不值一提,他们不过是现实之后的“奴仆”,他们的角色如同一面镜子,仅是被动的记录者,自己是一无所有的。也就是说,在模仿说中,艺术品、艺术表现力是不值得一提的,因为到头来要评定艺术品,看其是否与真实物相像。但是实际上,模仿说并未将艺术创作的真实情况反映出来,在看似被动的模仿过程中,也包含

① 利奇.语义学[M].李瑞华,王彤福,杨自俭,穆国豪,译.上海:上海外语教育出版社,1987:29.

② 王宏印.英汉翻译综合教程[M].大连:辽宁师范大学出版社,2002:54.

了很多艺术的创造与表现行为，其中蕴含了艺术家个人的风格与体验。

再现论并不是将艺术品判断视作一个相似或者相像的评价，而是一个审美层面的判断。同样，无论原作是否具有艺术性价值，译作都是对原作进行的再现，而不是一种复制或者模仿。正是基于这个意义，我们认为译本是原作的再现，翻译是为了对原作进行再现的过程。

再现与被再现事物本身并不等同，而是一个创造性的艺术表现形式，同时再现还可以实现译作替代原作的功能。

一、翻译的本质

翻译学是一门跨学科的综合性学科，它涉及的许多相邻学科便成为研究翻译的多种途径。译者源语理解能力越强，译语驾驭能力越强，那么他对翻译本质的认识就越是深刻。但这种对翻译本质的认识都必须建立在一定的翻译意图基础上。我们知道，任何作者都有自己写作的意图、表达的主题，以及实现写作意图、完成表达主题的手段。“意图”和“主题”，也就是通常所说的内容，“手段”就是形式。同样，任何译者也都有翻译意图以及实现意图的手段。这里的翻译意图既可以指译者自己的意图，也可以是以作者的写作意图为自己的翻译意图。在写作过程中，意图和主题对作者具有操控作用；同样，在翻译过程中翻译意图对译者具有操控作用。关于怎样用译语来实现作者的意图、表达原作的主题，不同的译者往往有不同的看法。正因为不同的译者有不同的看法，从而决定了译者对其他翻译要素的态度。因此，翻译本质在翻译的要素中占有极其重要的地位。

译者对翻译本质的看法最初几乎是与翻译实践同步出现的，它既体现在译者对翻译的直接论述，同时又体现在译者的翻译作品之中（最初是体现在口译中，而后才体现在笔译中）。

翻译实践在我国历史上很早便开始了，从《周礼》《礼记》都有翻译官专门指称的记载便可知道。《册府元龟》的《外臣部·鞮译》记载："象胥掌蛮夷闽貉戎狄之国使，掌传王之言而谕说焉。""象胥"乃古代翻译官的称呼。

尽管我国先秦诸子百家的著作中很难找到有关翻译的详细论述，但《礼记·王制》的论述揭示了翻译的本质。

《礼记·王制》载："五方之民，言语不通，嗜欲不同。达其志，通其欲，东方曰寄，南方曰象，西方曰狄鞮，北方曰译。"古代翻译官虽然可以有不同的称呼——或寄、或象、或狄鞮、或译，但他们翻译的最终目的和本质在于达"五方之民"之志、通"五方之民"之欲。用今天的话说，翻译的本质在于传达不同民族的思想和情感。

唐代孔颖达《礼记·正义》曰："寄者，言传寄外内语言""象者，言放象外内之言""狄鞮者，鞮，知也，谓通传夷狄语与中国相知""译，陈也，谓陈说外内之言"。唐代贾公彦《周礼·义疏》解释为"译即易，谓换易言语使解也"。

译者虽然具有不同的称呼，但对翻译本质的认识却是一致的，即"达其志，通其欲"。

在我国古代典籍中，有关翻译本质的论述虽然只有"达其志，通其欲"短短六个字，却揭示了翻译本质中不可分割的四个方面：首先，"达""通"用作行为动词"翻译"讲，是指翻译实践活动本身。其次，"达""通"作形容词使用(使动用法)，指译文的效果，即译文要通顺、要畅达。再次，"其志""其欲"中"其"既可以指外族人(外国人)，也可以指本族人。当把外族语译为本族语时，"其志"和"其欲"当然为外族人之"志"、之"欲"，而非本族人之"志"、之"欲"；当把本族语译为外族语时，"其志""其欲"当为本族人之"志"、之"欲"，而非外族人之"志"、之"欲"。可见，不论是外族语到本族语的翻译还是本族语到外族语的翻译，"其"都不是指译者本人，因此翻译时不能随意增添原文中没有的东西。最后，"志"与"欲"指源语(文)的思想情感内容。也就是说，翻译作为一种语言文字实践活动，既要忠实于原文的内容又要通顺易懂。

《礼记·王制》中“达其欲，通其志”与奈达的“翻译即译意”都强调保持内容的相同性。然而仅有“达其志，通其欲”，颇有不足，还须“得其体”。因为“译事，犹人之穿衣也，人之本也不变，而蔽体之衣也可一日三易。命题犹人之本，语言如蔽体之衣。”

“衣可易可变，然人之本也不变。然人之穿衣亦有讲究，孔颖达云：‘体谓容体，谓设官分职，各得其尊卑之体。’简言之，人之穿衣，须搭配得当，得其体也。人之体也，不可削剔，所穿之衣也，须与体相匹配。人体之本所在何也？在其心，在其意也。人之无心，犹行尸；人之无意，如走肉。人之心，人之意，如何能解欤？闻其言，览其文也。言成句，句成文，文达心意。成句之法，语言之不同，则有不同之规；成文之法，语言若异，则有相异之矩。规矩虽有不同，然其心意不变矣。”（辜鸿铭，2009）“译事之要旨者，译其心、译其意、得其体也。简言之，译心译意乃译事之本也。”（辜鸿铭，2009）译其心、译其意、得其体，并非仅为翻译的本质，同时也是翻译的标准。要实现翻译的本质，必须有一定的标准来指导翻译实践，衡量翻译的效果。可见，翻译本质决定翻译标准。

翻译的本质是译其心、译其意。要译其心、译其意就必须首先获其心、获其意，而获其心、获其意的方法有三种：分析研究、与作者沟通、切身体验。

（一）分析研究

分析研究，包括精研细读和知人论世。精研细读要求译者对所译文本的语音、字词、句式、篇章加以精细的研究分析，明确作者措辞的用意和目的以及表达的内容和情感。

知人论世是中国古代文学批评的原则和方法，其目的是要求人们客观地理解文本及作者的意图，避免误读。《孟子·万章下》载：“颂其诗，读其书，不知其人，可乎？是以论其世也，是尚友也。”（朱熹，1983）所谓“知人论世”，要“知人”（了解作品的思想内容）必须先“论世”（作品的写作背景）。清代章学诚（1988）

说："不知古人之世，不可妄论古人之辞也。知其世矣，不知古人之身处，亦不可以遽论其文也。"

翻译中的知人论世，是指译者在翻译过程中对文本所涉及的人名、地名等相关信息加以综合分析，包括：①对作者的生平、历史背景和总体写作风格的了解；②对所译原文的意图和风格的了解；③对作品中涉及的人物（包括虚拟人物、包括真实人物）、地名（包括真实地名和虚拟地名）等的了解；④对事件（包括真实事件和虚拟事件）等的了解；⑤对所用字词的字形、词源的了解；⑥对译文意象、典故的了解。

（二）与作者沟通

翻译过程中，如有可能，译者可以与作者和研究者进行沟通，了解作者的写作意图，寻求解答翻译过程中所遇到的一切问题。如果无法与作者沟通，则切身体验。

（三）切身体验

切身体验包括"设身为作者"和"设身为人物"。设身为作者时，要扪心自问：为什么要这么写？这么写有何意图？想表达什么样的情感？正如茅盾所说"把译者和原作者合二为一，好像原作者用另外一国文字写自己的作品"（陈福康，1992）。设身为人物时，译者要想象自己就是作品中的人物，经历作品中的一切情景，包括情感体验以及人物之间的关系等。

二、翻译的标准

随着不同学者对翻译研究的深入，形成了很多翻译思想，而在这些思想中也蕴含着很多的翻译标准，如严复的信达雅说、鲁迅的信顺说、泰特勒的翻译三原则、奈达的"读者反应论"等。下面就针对一些重要的翻译标准展开论述。

从理论上看，翻译标准多体现为：主观性而非客观性，多元性而非单一性，灵活性而非统一性。虽然如此，但翻译标准至少在理论上可以从三个方面加以规约：认知、审美、文化。相对应的就是三个标准：认知标准、审美标准和文化标准。从翻译操作上看，翻译标准又分为内实标准和外形标准。

（一）理论标准

1. 认知标准：真实性与完整性

翻译过程首先是一个从解码获取信息到编码表达信息的认知过程。翻译解码是指译者通过对原文的音字句篇的分析获取其中所传递的信息和意图的过程。翻译编码指根据原文信息和意图在译语中进行语音设置、字词选择、句式建构、语篇组合的过程。翻译编码必须以信息的真实性和完整性为标准，使原文信息真实而完整地得以表达，既不能添枝加叶，也不能断章取义。

在翻译过程中，译者可以把译语加以重新解码，获取其中的信息，即命题，并与源语解码后所获取的信息加以比对，从而判定源语和译语信息是否真实相同即真实性，以及是否完整即完整性。所谓真实性，是指译语所含的命题与源语所含的命题具有所指的同一性。所谓完整性，是指译语所含的命题数与源语所含的命题数具有相同性。

2. 审美标准：艺术性和个性性

任何翻译实践都是一个审美过程。在翻译解码过程中，译者必须带着审美的眼光，对构成原文的字词、句式和语篇的审美特性及其规律与原文的信息意图所构成的艺术特性加以认识和领悟。在翻译编码过程中，译者必须用译文把原文的艺术特性表现出来。原文形式与原文内容完美结合便构成了原文的艺术性，每个作家或作者都有自己的个性，每一位译者也都有自己的特性。体现在翻译标准中，就是艺术性和个性性。翻译标准的艺术性是指译者用译语表达原文内容采用的艺术手段和技巧。所谓翻译个性性，是指原文的独特性和译者的个体性。原文的独特性即风格，分为三个层面：一是作家的个人风格；二是文本文体风格；三是人物性格。从理论上说，译文中不应该出现译者风格的影子。但在翻译实践中，译文不可避免地表现出了译者的个性性。

3. 文化标准：接受性和变通性

作者与源语是源语文化的承载体。译者与译语是译语文化的承载体。任何翻译都是由译者来实现的，因此，译者在翻译时不可避免地受到译语文化的控制。体现在翻译标准上，就是译文的接受性和变通性。翻译的过程是一个源语文化和译语文化冲突磨合的过程。文化冲突体现在翻译标准上就是接受性，文化磨合体现在翻译标准上就是变通性。翻译的接受性体现在源语文化是否被译语文化所接受。翻译的变通性是指因译语文化而对源语形式进行灵活处理。但两者都具体体现在翻译策略上的“宜”“异”“易”“移”“益”“遗”“刈”“依”。

理想的翻译标准是以上三个方面的完美结合。但在翻译实践中，翻译三个层面的标准对译者的控制作用是各不相同的。文化标准是翻译中的“战略”标准，具有宏观控制作用，指明翻译的方向。审美标准是译者的个性性标准，它既是原文独特性的体现，又是译者个性张扬的手段。认知标准是翻译中的“战术”标准，具有微观控制作用。

翻译标准，无论哪个层面，对翻译策略都具有决定性的控制作用。

（二）操作标准

任何语言都可以分为外形和内实两个层面。外形指语言的表层结构，可分为“音”“字”“句”和“篇”四个层面，内实指文本外形所承载的“理”“事”“情”和“象”。换句话说，说话者总是通过一定的语言形式（即“音”“字”“句”“篇”）来表达内心所欲表达的内容（即“理”“事”“情”“象”）。语言不同，其语言形式也就不同，具体地说，每一种语言在“音”“字”“句”“篇”上的组合方式都有自己的特点，这种特点就是该种语言的共性。同样，人不同，其语言形式也可能不同，这种“不同”也就是说话者个人的语言风格。

翻译有三大任务：一是要保持原文的“理”“事”“情”和“象”；二是要保持译语的顺畅性；三是要保持作者的说话风格。第一个任务要求译者做到理清、事明、情真、象形；第二个任务要求译者做到音悦、字正、句顺、篇畅；第三个任务要求译者将第一和第二个任务完美地结合在一起，保持作者的说话风格。

因此，从翻译操作上来说，翻译标准分为内实标准和外形标准。

1. 内实标准：理清、事明、情真、象形

理清：指文本表达的义理（即意义）的清晰性。译者不仅要解读出源语所表达或所象征的义理，即意义，还要精心提炼译语来再现源语所承载的义理。

事明：指文本所引典故和所叙事情的明晰性。译者不仅要解读出原文所引典故或所叙事情的意图，还要精心提炼译语，清晰明确地再现源语所承载的“事”。

情真：指文本传情达意的真切性。译者不仅要解读出源语所表达的内心情感，与作者产生共鸣，还要精心提炼译语来传达源语所承载的情感，使译语与源语所抒发的情感保持真切性。

象形：指文本所呈现的意象的形象性。译者不仅要在解读时在大脑中唤起文本所承载的事物意象，同时还要精心提炼译语，准确形象地表达源语所承载的意象。

音、字、句、篇既可指意理、意事，也可指意情和意象。偏重于“理”者多属于应用文体，偏重于“事”者多属于叙事类文体，偏重于“情”和“象”者多属于文学文体。

2. 外形标准：音悦、字正、句顺、篇畅

音悦：指语音的悦耳性。它是人类为了达到某种意图而在言语语音上的一种审美追求。译者不仅要解读出源语语音秩序、节

奏和修辞的意图，还要再现源语语音的意图，并精心提炼译语语音秩序、节奏和修辞，使得译语也具有悦耳性。

字正：指语言字词的正确性。既然是约定俗成，那就意味着汉语就有汉语约定俗成的语法，英语就有英语约定俗成的语法。文体性是指译语字词与源语字词的文体保持一致性。

句顺：指通顺地设置译语句式，准确地表达源语所表达的意图。

篇畅：指积句成篇上的通畅性。

（三）中国较具代表的翻译标准

1. 严复的“信达雅”

严复的“信达雅”理论在翻译界非常著名，并有着深远的影响。虽然其理论独占鳌头，但是对其的理论也争论不休。这是由于“信达雅”三个字非常简约，也并没有给予严格的界定与论证，因此给人们留下了广阔的阐释空间。赞成者认为，“信达雅”理论对翻译实践起着很好的指导意义；部分赞成者认为“信”或者“信达”可以作为翻译标准，但是“雅”不能作为翻译标准；不赞成者认为，“信达雅”非常空洞，对翻译实践起不到指导性作用。

当然，如果将严复的“信达雅”视作一个抽象的逻辑命题，从脱离时空的角度对其进行评论，那么得出的结论必然是非常偏颇的。笔者这里将“信达雅”回归历史本位，从语言文化环境出发，对其进行考察，或许就会发现不一样的天地。也就是说，这里主要从文化翻译的角度对“信达雅”理论进行阐释。

要想弄清其文化含义，需要分析“信达雅”的本质含义。对于这一理论，严复非常明确地给予三者的关系，即“信”位于首位，认为翻译首先应该做到“信”，即对原作的思想内容进行忠实的传达。其次是“达”，即如果不“达”，那么就不能谈及翻译了。最后是“雅”，对于这一个字，评论非常多。有人认为严复的“雅”指的是汉朝之前的字法、句法，因此是过时的，不能用于现代的翻译标准。笔者认为这样理解有失偏颇，并没有从历史的角度对严复的

“雅”进行准确的把握。学者陈福康认为,严复的“雅”从上下文来说,显然指的是译作要注意修辞,要有文采,这样才能流传。这样对严复“雅”的理解是全面的、准确的,与严复的本义是相契合的。

在严复当时的语言文化环境中,汉朝之前的字法、句法被认为是“雅洁”文字,而要想将外国思想著作的精妙表达出来,就必须用到“雅洁”文字,这样才会显得非常高雅、严肃,才能被读者看重。如果采用的是“利俗”的文字,那么会被读者鄙视。严复的这一“雅洁”的表达方式是经过深入考察而做出的翻译抉择,他的翻译目的是引介西方思想,吸引当时士大夫的注意,从而实现改革。

事实证明,严复的这一翻译策略是正确的,其译作也得到了知识分子的响应,引发了中国人对现实社会的思考,促进了社会的变革。可见,严复的“信达雅”中涉及了丰富的文化翻译思想,对翻译实践意义巨大。

2. 鲁迅的“易解、风姿”双标准论

鲁迅提出的“易解、风姿”是翻译的标准,也是鲁迅翻译理论的核心内容。鲁迅曾经这样说:“在动笔之前,要先解决一个问题,是要归化翻译,还是尽量保留洋气。日本译者上田进君主张采用归化翻译,他认为讽刺作品的翻译应该首先保证易懂。我认为应该是两样都需要的,如果要求易懂,还不如创作或者改作,将事情化为中国的事情,将人物化为中国人。如果是翻译,首要的目的应该对外国的作品进行博览,不仅仅要移情,还要益智,至少要知道什么时候发生了这件事,这就是所谓的洋气。”实际上,世界上并不存在完全归化的译文,如果有,从严格意义上说不算是翻译。只要是翻译,就需要兼顾两个层面:一是易解,二是保留原作风姿。但是二者往往是矛盾的。从长期的翻译实践中,鲁迅创立了自己的理论,这两种翻译思想的理论价值在于,“易解、风姿”要比严复的“信达雅”具有更强大的涵盖力,使得“信达雅”得到进一步的丰富与深化。

3. 林语堂的“忠实”与“美”

（1）“忠实”。在翻译标准上，林语堂提出了三个原则：忠实、通顺、美。这三个标准与严复的“信达雅”可以相媲美。同时，他从三个问题与三重责任的角度对这三个原则加以论述。

三个问题：

其一，译者对待原作的问题。

其二，译者对中文层面的问题。

其三，翻译与艺术层面的问题。

三重责任：

其一，译者对原作者的责任。

其二，译者对中国读者的责任。

其三，译者对艺术的责任。

林语堂的这三大原则虽然是从英汉翻译考虑的，但实际上也适用于汉英翻译。在这三大原则中，林语堂用大量的笔墨来描述忠实原则，这是因为当时翻译界有一场关于翻译的论战：直译与意译。“五四”运动以来，关于直译与意译的问题就没有停止过。

面对这场论战，林语堂提出自己的主张，他在《论翻译》一文中，认为对原作的忠实程度可以划分为四个等级：一是直译，二是死译，三是意译，四是胡译。他认为，死译是直译的极端形式，可以称为直译的“过激党”；而胡译是意译的极端形式，是意译的“过激党”，因此在对这一问题进行论述时，林语堂先生将死译与胡译刨除，而单单探讨直译与意译。

对于直译与意译，林语堂先生首先指出的是这两个名称本身是不恰当的，认为虽然便于使用，但是实在不中肯，其不仅不能表达出译法的程序，也容易让人误会。

对于忠实的翻译，林语堂先生指出要传神，认为译者不仅要达到意思的准确，还应该做到传神。语言的用处并不是在对意象的表现，而是互通情感，如果仅求得意思的明确传达，则很难使读者获得相同的情感。

林语堂先生在强调忠实原则之后，还客观地指出：绝对的忠实是不存在的，因为译者在翻译时要同时兼顾音、形、神、意等各个层面是不可能的，也是不现实的。

林语堂所提出的句译和字译概念是基于直译与意译建立起来的，是对其进行的全面总结与思考。因此，对于翻译研究与实践来说意义巨大。

（2）“美”。在对翻译问题的研究中，审美问题也是林语堂关心的一个重要问题。翻译除了要忠实与通顺外，还需要注重审美。对于翻译审美问题，他认为主要包含三个层面。

其一，翻译是一门艺术。译者在对小说、散文等文学作品进行翻译时，除了要关注忠实顺达外，还需要关注原作的美以及译作美的展现。

其二，艺术文翻译应该注意的问题。

将原作的风格看得同内容一样，都是非常重要的。林语堂认为，一部作品之所以说是优秀的，主要是原作的风格更吸引读者的注意，因此对于译者而言，必须明确原作的风格，然后进行模仿。在将原文风格进行体现的层面上，林语堂还通过间接的方式表达出要对原作的风格进行忠实的传达，作为审美主体，译者必须具有与原作者同等的知识背景、气质性格与鉴赏能力。

考虑文字体裁的问题，并分别对内外体裁进行了描述。

其三，翻译即创作。他引用了克罗齐（Croce）“翻译即创作”的这一说法，表达了自己对这个问题的态度与主张。

（四）西方较具代表的翻译标准

1. 泰特勒的翻译三原则

英国学者、翻译理论家泰特勒（Alexander Fraser Tytler）在其《翻译的原则》（*Essay on the Principles of Translation*，1791）一书中提出关于翻译的三条基本原则，具体内容如下。[①]

① 杨贤玉．英汉翻译概论[M]．武汉：中国地质大学出版社，2010：18-19.

（1）译文应完整地再现原作思想。

（2）译文无论在风格上还是笔调上，都应与原作性质保持一致。

（3）译文应和原作一样自然流畅。

2. 奈达的翻译四原则

奈达认为，在翻译过程中，应该遵循四大原则。

（1）相较于词语一致，保证上下文一致更为重要。对于单词的含义来说，其中涉及的不是语义点，而是语义域，即一个词往往会具备多层含义。在不同的语言中，相应词的语义域并不是完全相同的，因此译者在翻译时需要选择正确的词语对原作进行恰当翻译，考虑选择的词语是否上下文一致，而不应该仅限于某个单词的一致。

（2）相较于形式对应，动态对等或功能对等更为重要。从读者的角度而言，奈达认为译作应该关注是否能够被目的语读者理解。当然，其中的理解并不是目的语读者对某些词语的理解，也不是对句子规范的理解，而是对译作做出怎样的反应。当然，这种反应要求是基本一致的，不可能是完全一致，因为源语与译语的历史、文化等存在明显差异。

（3）相较于书面形式，口头形式更为重要。无论是何种语言，书面形式与口头形式并不是等同的，有的语言书面形式较为优美，但是如果放在口头上就很难让人理解。因此，译者在进行翻译时需要注意如下几点。

其一，翻译时尽量避免使用令人误解或者模糊的词语。

其二，翻译时尽量不要使用让人误解的语序及发音。

其三，翻译时尽量不要使用粗俗的词语。

其四，翻译时尽量不要使内容超载，保证简洁最好。

（4）相较于传统的语言形式，译者的需要更为重要。这就是说要照顾读者群体的需要，将大众语言反映出来，而不应该仅限于传统语言形式。

3. 奈达的“读者反应”

奈达把译文读者的反应作为翻译的重点，同时主张将原文读者对原文可能产生的反应与译文读者对译文的反应进行对比分析。

奈达把读者因素纳入翻译原则中，对翻译原则的研究影响重大。

第二节　翻译的跨文化传播属性分析

翻译是一种跨文化交际活动，本质上具有跨文化交际的所有属性、特征和功能。我们有自己的文化，在更复杂和更广泛的文化背景下，在与其他国家交往、讨论和交流世界文明时，翻译有助于扩大自身文化在世界文化中的影响。

一、跨文化传播属性

作为一种社会实践活动，翻译既是跨语言的，又是跨文化的，具有以下跨文化传播属性。翻译在促进文化传播、地域交流方面起到了重要的载体作用，在这个被割裂的多元文化世界里，语言的阻碍被翻译所克服，翻译成为连接不同民族交流沟通的桥梁，促进了不同民族间的文化互动，也极大地推动了人类文明和世界文化的发展和进步。打破语言障碍，进行信息交流，是人类社会独有的社会实践，在不同的语言和文化背景下，要想实现交流和沟通必须借助符号来进行，在跨文化传播中，翻译扮演了中介角色，通过对文化语言进行解码和编码活动，翻译成为文化和传播的共同载体。

二、译者身份和译者行为

在这个环节,译者就是名副其实的跨文化传播者,其行为方式也就是把自身作为一个传播媒介来进行跨文化的传播活动。

译者既是沟通两种语言的媒介,又是保证交流顺利进行的关键。不通过译者主体的能动作用,翻译这一跨文化的交流活动就不可能完成。在翻译过程中译者的主体身份逐渐彰显,其主观能动作用也逐渐凸显出来。

翻译实际上是一个译者做出选择的过程。译者作为文本的第一读者,无须再对原作者俯首帖耳,唯命是从。他不该是消极被动的,他可以自由地赋予文本某种意义而无须承担任何责任。译者的主体性至此达到了极致,得到了前所未有的张扬,而译者的主体性地位也逐渐确立起来。

三、翻译目的与翻译策略

翻译的目的是使译文在目的语文化中起到与原文在源文化中同样的功能,特别强调文化在翻译中的地位和翻译对于文化传播、推动社会和文化进步的重要意义。翻译活动作为一种特殊的人类主动跨文化传播行为,其目的也必然具有特殊性。

在翻译实践中,对于一般的应用文体都或多或少地使用到了目的论所提倡的增加、删减或改动这些翻译策略和方法,这些方法是在实践中已证明是行之有效的,所谓的节译、编译、改译、转译也应被视为翻译方法。

四、翻译语境和翻译材料的选择

这里的翻译语境就是进行跨文化传播活动的社会文化环境,包括人文环境及自然环境。翻译材料的选择就是为了某种目的而对传播内容进行的选择。

不同的社会发展阶段、不同的翻译语境需要选择不同的翻译材料和文本(卞建华,2008)。在历史动荡阶段或社会大变革时期,翻译家们往往出于政治目的,把翻译当作实现其理想抱负的手段,因此在选择翻译材料时,特别注重其思想性。

五、译作的传播渠道及其影响

译作的传播渠道就是跨文化传播渠道或途径,译作影响则体现了跨文化传播的影响环节。大量跨文化传播现象的发生是通过多种渠道进行的,包括使节的往来、宗教信徒出于信仰的热忱远赴异域求法或传教,还有作为物质文化传播途径的贸易甚至战争。这些途径中,有些是有意识的,有些则是无意识的,而译作作为跨文化传播途径之一,其有意识特征是不言而喻的,通过出版、发行到读者接受,其结果或多或少都会对译入语文化产生影响。

第三节　翻译的跨文化传播功能阐释

翻译是桥梁,是纽带,是黏合剂,也是催化剂,它可以传递思想,丰富语言,开发智力,开阔视野,从其他语言文化中汲取对本族语文化有益的成分,从而变革文化,发展社会,推进历史演进。只有通过翻译,才能把人类社会不同文明推向一个更高的层次和发展阶段。

一、翻译是一座跨文化传播的桥梁

翻译是人类社会迈出相互沟通理解的第一步。无论是东方社会还是西方世界,一部翻译史就是一部生动的人类社会跨文化传播交流与发展史。随着全球经济一体化步伐的不断加快,世界各国间的科技、经济、文化等领域的交流日渐频繁,对翻译的需要越来越多,翻译的重要性也已凸现。

自从人类有语言文化、习俗风尚以来，各民族之间为了传递讯息、交流文化，没有一桩事不是凭借翻译来达成的。翻译恰如一座桥梁，把两种相异的文化连接起来，在不同文化之间的交流过程中扮演着至关重要、必不可少的角色。

二、文化翻译产生翻译文化

在异语文化传播中，文化是翻译传播的内容，翻译传播是文化的羽翼，异质文化借翻译而传播、交融和延续。多样的文化造就了五彩缤纷的现实世界，而翻译则打通了不同文化社会之间的分割，形成了一种文化信息与另一种文化信息的交流互动，推动了世界文化的共同发展，创造了共享的人类文明。人类社会的发展史是一部各种文化不断相互融合的翻译的历史。

三、翻译传播的社会文化功能

翻译的功能主要体现在社会文化层面。社会的变革和文化的发展往往和蓬勃开展的翻译活动有关。翻译可以引发对特定文化乃至社会制度的“颠覆”，也可以助推不同文明向前演进。

研究翻译本身也是一个跨文化的问题，尤其涉及多种文化互动关系与比较研究。翻译研究的兴衰无疑也与文化研究的地位如何有着密切的关系。在跨文化传播研究的大语境下，研究翻译自然也成了一种跨文化现象与活动。由于翻译历来就是一种跨文化传播与文化阐释的重要手段，因此在人类社会历史文化发展过程中，它的功能也是任何人工智能都不能取代的。

第三章　跨文化传播视角下英汉翻译的原则与方法

随着中国国门的进一步打开，中国更加频繁地与西方发达国家进行经济往来。在21世纪的今天，作为世界文化两大支柱的中西方文化面临着不同的考验。中国文化和西方文化虽然有一些相同的社会功能，但是二者之间的差异更明显，并且这种差异为跨文化传播以及翻译实践带来很大的影响。因此，本章首先探讨英汉文化差异对翻译的具体影响，进而分析翻译需遵循科学的原则、采用合适的方法。

第一节　英汉文化差异对翻译的影响

一、物质文化差异对翻译的影响

鉴于中西饮食文化存在明显差异，在向西方宾客介绍中国菜肴时，尤其介绍中国菜名时，必须掌握一定的翻译技巧，要把握菜肴命名的侧重点，使宾客能够对菜肴一目了然，并了解菜肴文化背后的内涵。

例如，为了取吉祥的寓意，中国菜名常会借用一些不能食用的物品，如“翡翠菜心”。显然“翡翠”是不能食用的，是蔬菜艺术化的象征，因此在翻译时应该将“翡翠”省略掉。又如，“麻婆豆腐”这道菜是四川地区的名菜，传闻是一个满脸长满麻子的婆婆制作而成的，但是西方人对这一典故并不了解，因此翻译时不能直译为 a pock-marked woman's beancurd，而应该以这道菜味道的特殊性作为描述重点，便于译入语读者理解，可以翻译为 Mapo tofu stir-fried tofu in hot sauce the recipe is attributed to a certain pockmarked old woman。

再如，中国饮食文化具有悠久的历史，加上原材料与烹饪方法非常丰富，因此很多菜名都是独一无二的，在翻译这类菜名时，往往需要进行迁移处理，把握译入语的当地特色，采用音译的方式来处理。请看下面几例：

包子 bao zi

馒头 man tou

汤圆 tang yuan

馄饨 won ton

炒面 chow mein

总之，英汉民族在物质方面的差异会给翻译工作者带来一定的困难，译者在翻译过程中要广泛涉猎各种背景知识，只有有了一定的文化知识储备，翻译起来才会更加得心应手。

二、生态文化差异对翻译的影响

受到地理位置差异这一客观性因素的影响，英汉民族的生态文化也存在着明显的不同。就我国的地理位置来看，典型的大陆性国家使我国具有幅员辽阔、地大物博这一特点，并出现了诸多具有特殊地域色彩的表达。例如，“福如东海，寿比南山”“黔驴技穷”等。英国则是一个岛国，以其发达的航海业著称，其语言表达中也出现了很多与船、海洋、水等相关的表述，如 all at sea（不知所措），spend money like water（挥金如土）等。加强对这些生态文化因素的对比，对翻译实践中的与之相关文本材料的理解非常有帮助，有利于作者在源语和译入语之间进行更好的思维转换。

三、政治文化差异对翻译的影响

在英汉翻译过程中,还会涉及一些政治术语、经济术语的翻译。但是,由于各国政治、经济体制的不同,这些文化差异具有客观存在性。因而,在翻译的过程中,应坚持正确的政治立场,在潜意识中树立政治文化对比意识,以保证对这些内容的精确翻译。例如,我国在解决香港问题上所采取的"一国两制"政策,该政策是用于解决港澳以及台湾问题的一种特殊政策,对这一政治术语的直接译法是"one country, two systems",但是对于没有这种体制国家的读者而言,要想很好地理解就应对这一政治文化背景有比较深刻的认识,应了解我国在解决台湾回归这一问题所采用的"一国两制"的政策,即"一个国家,两种制度"。具体地说,"在中华人民共和国境内,国家的主体实行社会主义,香港、澳门和台湾实行资本主义",两岸实现了统一之后,台湾的现行社会经济制度不变,生活方式不变,同外国的经济文化关系不变。只有明确了这些,才能在翻译时既忠实地传达了其本意,又便于译入语读者理解。再如,在美国英语中,jump on the bandwagon 具体是指各政治团体在竞选运动中各自准备了宣传车,以吸引选民们去听候选人演讲,在对这一政治术语进行翻译时,采取了以下两种译法。

译法 1: 跳上宣传车。

译法 2: 支持候选人。

译法 1 的这种直接译法其实是为了用来表示对候选人的支持,但是同第二种译法相比,表达得并不是很到位。因而,第二种译法更可取。

四、观念文化差异对翻译的影响

受群体环境的影响,中国人民形成了一种集体主义价值观念。首先,集体主义价值观念要求人们注意长幼尊卑,即无论是对于国家而言,还是对于家庭而言,都要尊重长者。其次,集体主义价值观念要求人们以集体为重,即当个人利益与集体利益发生矛盾时,应该以集体利益为重。最后,集体主义价值观念要求人们处理好人际关系,即彼此之间应该相互体谅、关心、包容。对待亲人和朋友时,应该以真诚的态度,只有对他们真诚,才能收获同样的真心。

西方倡导的是个人主义观念。在意识和权利上,西方人追求的是平等、自由、民主。在个人主义观念的引导下,他们认为个人权利是不能侵犯的,因此在进行交际的时候也更加注重个体的权利,尤其不容别人侵犯自己的隐私问题,如个人的收入、个人的年龄等。

由于中西观念文化的不同,因此必然会对翻译产生影响。例如:

You have to blow your own horn.

应吹自己的号角。

Where there is a will, there is a way.

有志者,事竟成。

在对上述两个句子进行翻译时,如果按照西方人的观念文化来翻译的话,就需要将个人化的特征体现出来。

五、思维方式差异对翻译的影响

在各自的环境中,中西形成了各自独特的文化,而文化所形成的思维意识也出现了千差万别的情况。

中国人往往会运用形象思维方式来描述和表达某个事物和现象。相比之下,西方人则习惯使用抽象的思维来表达和描述。这体现在用词上就是,汉语中多为具体的词语,而英语中多为笼统、概括的词语。例如:

Is this emigration of intelligence to become an issue as absorbing as the immigration of strong muscle?

知识分子移居国外是不是会和体力劳动者迁居国外同样构成问题呢?

在该例中，原文中的 intelligence 一词本义为“智力，理解力”，muscle 本义为“肌肉，体力”。但是如果直译成这两个意思，那显然不合逻辑，因此就需要将这些抽象名词做具体化的处理，符合汉语的表达习惯，这样汉语读者就容易理解了。

六、社会礼仪差异对翻译的影响

中国人见面时往往会问及对方的年龄、姓名、收入等，但是正如前所述西方人对这些是比较反感的。中国人遇到熟悉的路人常会寒暄“吃饭了吗？”“去哪里了？”“要去上班吗？”之类的话，这些在中国人看来也就是一个打招呼的形式而已。但是，在西方人眼中却被认为是在过问私事，如果说成“Have you had your meal?”则可能被误解是你要请他吃饭。西方人见面常说的是“Hello!”“How do you do?”等。

对别人的赞扬，中国人往往会说“哪里”“惭愧”等谦虚类的词语，但是西方人则明确地接受别人的表扬，直接说“ Thank you!”中国人使用“谢谢！”一词的机会也明显要比西方人少很多，尤其是非常亲近的家人和朋友间是不需要说这个词的。即使说了，也会被家人或者朋友认为是见外的。

七、意识形态差异对翻译的影响

意识形态并不是一个具体的物质，但是我们不能认为它并不存在，其依然存在，并可以在其达到某种特定的目标时用固定的语言形式来表达。意识形态是抽象的，甚至可以包含所有与翻译相关的政治语篇。也就是说，意识形态既可以是社会文化的，也可以是政治的，这些意识形态都包含自己的视阈，并且在自己的视阈下，它们都有其自身特定的理想，或者是鼓励支持，或者是抵制威胁。

如果一些事物没有遵循特定的社会文化，那么社会文化必然不允许其存在；如果一些事物与特定的政治制度不符，那么该政治制度也不会允许其存在。在某些国家,如果目标读者群体认为某些内容是淫秽的或者是不道德的,那么这些内容必然会被禁止传播或者翻译。

例如,在某个社会认为是自由谈论的话题,在另一个社会可能被认为是亵渎行为,这就是由于意识形态的不同导致的。例如,古罗马诗人奥维德(Ovid)写的《爱的艺术》(*Arts Amatoria*)一书,著名作家克里斯托弗·马洛进行了翻译,但是翻译的作品在1599年被禁。到了1930年,美国海关仍然禁止该译作,并进行收缴,因为在美国人眼中,该书中含有情色方面的内容。

第二节　跨文化传播视角下翻译的原则

传播、文化和意识相互交织在一起,形成了人们在跨文化传播过程中特有的视角。语言作为一种工具性的存在,是人们理解传播、文化与意识的关键所在。在跨文化传播过程中,传播、文化和意识这三个元素看似独立,实则密切结合为一个整体。对于跨文化传播视角下的翻译是否有原则或者翻译是否需要一个原则来约束,不同的学者有着不同的见解。赞同"译学无成规"的大有人在,认为"翻译是一门科学,有其理论原则"的也不在少数。对于这一问题,更多的人倾向于后一种观点。

首先,对所译文本有着深度的文化思考。在翻译活动中,应该特别注意对所译文本的研究与思考,关注读者的理解,充分利用副文本的形式,对所译文本进行阐释与解读,向目标读者介绍文本所蕴含的文化特质与价值。对于副文本的价值,翻译界有过很多探讨,如高方就特别指出副文本对作家、作品进行介绍,或对社会文化背景、文化、社会差异加以分析,或对翻译障碍、理解难点进行讨论,对读者理解作品具有很大的启发。这要求一名译者有广阔的文化视野与人文情怀,心中有读者的期待。

其次,具备文化交流的意识。在新的历史时期,精神文明被提到了更突出的位置。译者作为文化传播的桥梁，在全球化的今天，应该拥有清醒的文化意识。经济全球化和文化全球化相当于一个人的两条腿，我们应该用两条腿走路，否则就不是一个健全的人。西方文化中的利弊，需要通过学习中国文化来克服，这也是西方有志之士转而向中国文化寻求智慧的动机所在。不同民族语言文化之间的交流，是一种需要。任何一个民族想发展，必须走出封闭的自我，只有在和其他文化相互碰撞、相互融合的过程中，自身才能得到发展。在这样一个过程中，翻译始终起着重要的作用。

译者不仅要把外国的先进文化引入中国，也要把中国的先进文化传播到外国去。中国文化走向世界，为的是丰富世界文化。要维护文化的多样性，使世界文化之水不断流动，使社会不断地良性发展，甚至于维护世界和平，需要译者在翻译活动中保持包容的态度。

下面针对跨文化传播视角下翻译的原则展开具体论述。

一、信息等值原则

文化信息等值原则是文化差异背景下翻译活动的重要原则，具体来说，译者要尽量使译文实现与原文在语言、文本、文化以及思维等多层面的等值。下面是国内外一些文化底蕴浓厚的大学的校训的翻译，其都很好地遵循了信息等值的翻译原则。

In the Nation's Service and in the Service of all Nations.（普林斯顿大学校训）

为国家服务，为世界服务。

Peace and Light（塔夫斯大学校训）

和平与光明

二、文化再现原则

从翻译的性质与任务的角度来看，翻译的过程就是文化再现的过程，因此需要遵循文化再现原则。具体来说，文化再现应该能够再现源语文化的特色。例如：

人怕出名猪怕壮。

译文 1：Bad for a man to be famed. Bad for a pig to grow fat.

译文 2：Fattest pigs make the choicest bacon, famous men are for the taking.

上述原文为汉语中的俗语，是中国传统语言形式之一，具有十分丰富的文化内涵。在翻译过程中很难在英语中找到匹配的表达形式。上述俗语的内涵指的是人一旦出名就会有更大的挑战和困难，因此出名之后的生活反倒会十分困难。这就像猪长胖之后逃脱不了被宰杀的命运一样。译文 1 从原文的文化内涵出发，将其含义表达得淋漓尽致。译文 2 采用了创译的形式，但是译文和原文在表达和情感色彩方面都存在差异。

三、风格再现原则

在进行文化翻译时，风格再现也是一个重要的原则。通常来说，风格再现原则中的风格主要涉及如下几点。①

（1）文体风格。文体不同，风格也必然存在差异，如小说文体与诗歌文体、新闻文体与法律文体等，都呈现着各自的特色，这要求译者在进行翻译时，需要考虑不同的文体风格，除了将彼此文化再现出来外，还需要将文体的风格予以再现。以法律文体翻译为例，译者应该注重法律文体中的庄重、严肃的口吻，切记不要将其翻译成大白话，否则就违背了法律文体的法律意义。

（2）人物语言风格。即意味着遇见什么人，说什么样的话，这主要在文学文体中有着明显的体现。

（3）作家个人的写作风格。译文也应该展现原写作者的风格，有些写作者凸显简洁，有些写作者要求庄重，有些写作者要求华丽等。因此，在翻译时，译者应该将其凸显出来。

① 兰萍．英汉文化互译教程［M］．北京：中国人民大学出版社，2010.

第三节 跨文化传播视角下翻译的方法

英国翻译理论家彼得·纽马克(Peter Newmark)提出了八种翻译方法,从最侧重源语语言到最侧重目标语言组成了一个平底V字图形,对原文的忠实度依次递减,翻译的灵活度则依次递增,依次为:逐字翻译(word-or-word translation)、直译(literal translation)、忠实翻译(faithful translation)、语义翻译(semantic translation)、交际翻译(communicative translation)、地道翻译(idiomatic translation)、意译(free translation)和归化翻译(domesticating translation)。

美籍意大利学者劳伦斯·韦努蒂(Lawrence Venuti)从文化语境的角度提出"归化"与"异化"这两种翻译方法。归化(domestication)是在译文中把源语的文化观念和价值观用目的语中的文化观念和价值观来替代,特别是把原文的比喻、形象和民族地方色彩等用目的语中的比喻、形象和民族地方色彩来替代;异化(foreignization)是指在译文中保留源语的文化观念和价值观,特别是保留源语的比喻、形象和民族地方色彩等。鉴于直译、意译主要涉及语言形式和意义的处理,而"归化"与"异化"为处理文化差异提供了思路,可视为直译与意译的概念延伸和有益补充,可算是两个常见的翻译策略。

我国翻译界经常使用"死译""直译""意译""活译"等术语来讨论翻译方法。其中,直译与意译一直是翻译理论界争论的焦点。经过长期的争论,已逐渐达成一致:直译与意译是相对而言的,二者之间相互关联,没有绝对的界线。

翻译是一种涉及两种文化之间信息转换的跨文化活动。两种文化在风俗习惯、历史、地理和宗教等方面的差异及两种语言结构本身的差异决定了好的译文总是多种翻译方法相结合的结果。故而,大到一部作品,小到一个句子的翻译都有可能兼而采取直译与意译这两种翻译方法。然而,究竟是采取直译或意译,还是直译意译相结合的方法不仅取决于翻译目的、读者对象和语篇类型，还取决于译者的理解能力和写作水平。当原文和译文形式、意义一致时，通常选择直译；当原文形式、意义在译文中难以找到相对应的表达方式时，就需要灵活运用直译或意译去处理了。正如弗雷德里克·M.勒内（Frederick M. Rener）所说，说到底，翻译方法不外乎直译、意译及二者的结合。

一、直译

直译是指译文的语言表达形式，在目的语规范容许的范围内，基本上遵循源语的表达形式且忠实于原文的意义。简而言之，直译就是按照原文的字面意思直接翻译为译语的翻译方法。

直译最大的优势在于能在译文中保留源语的文化观念和价值观，特别是保留原文的比喻、形象和民族地方色彩等。鲁迅十分尊重原作，坚持“宁信而不顺”的翻译原则，主张直译，不仅强调忠实于原作思想，而且力图不随便改动原文句式，以保存原作风貌并输入新的表达方法，但绝不是主张逐字“死译”或“硬译”。

交际语言所包含的意思可以细分为三方面：字面意义、形象意义和隐含意义，即真实含义。人类在感情、社会经历及对客观事物的感受等方面会有相似之处，因此不同语言中通常会有少量相同或相似的表达方式。这些语言的字面意义、形象意义相同或相似，隐含意义也十分接近，即所传达的文化信息是相同的。采取直译的方法直接套用相同的表达式，既可保留原文的字面意义、形象意义和隐含意义，又可保留源语的风格，译文读者易于理解和接受。例如：

All the world is a stage.

整个世界是个大舞台。

Practice makes perfect.

熟能生巧。

All roads lead to Rome.

条条大路通罗马。

另一方面，有些汉语词汇按照文字的字面意思直接翻译成为英文，不仅易懂，而且传神，并已逐渐被接受为正式的英美民族语言。例如：

纸老虎 paper tiger

丢脸 lose face

功夫 kung fu

由于中西思维方式和文化背景不同，人们对周围环境做出的反应及表达方式也各异。

翻译时，如果源语形象所承载的比喻意义无法在译语中再现，根据上下文，可以选用译语读者所熟知的形象替换源语形象。虽然这样翻译会导致译语和源语的形象意义不同，但是传达了真实含义，可达到相同的语用效应，使读者产生相同或相近的感觉。比如，中文的“谋事在人，成事在天”与英语中“Man proposes, Cod disposes.”的意义与表达形式基本一致。但杨宪益先生在翻译《红楼梦》第六回中刘姥姥的话“谋事在人，成事在天。咱们谋到了，看菩萨的保佑，有些机会，也未可知”时，从保留原文的民族色彩出发，考虑到刘姥姥信佛，而非基督教，将全句译为“Man proposes. Heaven disposes. Work out a plan, trust Buddha, and something may come of it for all you know.” God 改译为 Heaven，根据原文深层含义改变了译文中的原形象，使整句更为连贯顺畅，更为合适。再如，英语“Kill two birds with one stone.”如果硬译成“一石双鸟”，虽然保存了原文的字面形象，却不符合汉语的用语习惯，不如直接译为汉语成语“一箭双雕”。又如，“spring up like mushroom”如译为“雨后蘑菇”似乎也成立，但译为符合中国文化意象的汉语常用成语“雨后春笋”则更贴切。

再者，汉语里的一些俗语、习语生动形象，隐含着特定的民族历史、经济文化、生活习惯等方面的情况。翻译时既要力求保持原文的文化价值和生动形象的比喻，又应考虑到读者的接受能力。总之，只要读者能理解，就可以采用直译的方法翻译。例如：

巧媳妇难为无米之炊。

Even the cleverest housewife can't cook a meal without rice.

知人知面不知心。

You can know a man's face but not his heart.

天下没有不散的筵席。

No feast lasts forever.

周作人曾说“直译也有条件,便是必须达意,在汉语能力所及的范围内,保存原文的风格,表现源语的意义,换一句话说就是信与达”。在努力再现原作效果时,太过于直译便可能成为“死译”或“硬译”。如英语 the milky way 本是指“天河”“银河”,却曾被死译成“牛奶路”,惹出不该有的笑话。另外,有些语句如果直译,表面上看中英对应很恰当,但语言的隐含寓意却有较大差异,翻译时需慎重对待。如汉语成语“明珠暗投”曾被误译为英文习语“cast pearls before swine”。殊不知,这二者意思大相径庭,不可互译,分析如下:

中国成语“明珠暗投”出自《史记·鲁仲连邹阳列传》:“臣闻明月之珠,夜光之璧,以暗投人于道,众莫不按剑相眄者。何则?无因而至前也。”其原意是明亮的珍珠,暗里投在路上,使人看了都很惊奇,用来比喻有才能的人得不到重视,也比喻好东西落入不识货的人手里。

而上文列举的英文习语源自《新约·马太福音》第7章:“Give not that which is holy unto the dogs, neither cast ye your pearls before swine, lest they trample them under their feet, and turn again and rend you”,意思是“别把神圣的器物送给狗,也莫将珍珠置于猪前。它们践踏了宝物还会伤害于你”,暗含“做无谓的努力”之意,常有轻蔑嘲笑的语言色彩。

从字面上看, cast pearls before swine 意为“把珍珠撒在猪的面前”,与汉语成语“明珠暗投”相似,但是从上述分析可见,二者的寓意不同,不能对译。所以《汉英词典(第三版)》(2010)将成语“明珠暗投”翻译为“ bright pearl cast into darkness”,并附解释：person of talent or a thing of value that goes unrecognized; good person fallen into bad company。

英语习语“cast pearls before swine”经常按照其比喻意义，翻译为“对牛弹琴”“向驴说经”或“一番好意给狗吃”“狗咬吕洞宾，不识好人心”等，其用法如下。

He explained the beauty of the music to her but it was just casting pearls before swine.

他跟她讲解那音乐的美妙之处，但这只不过是对牛弹琴而已。

二、意译

意译是指在忠实于原文内容的前提下，不拘泥于原文的语言形式，摆脱原文结构的束缚，使译文的表达完全遵循并符合译语语言规范的翻译方法。

汉语和英语属于不同语系，二者的语言文化及思维方式不同，词汇、句法结构及表达方法差异较大，两种语言的字面意义、形象意义或隐含意义也不尽相符，某些意义甚至完全缺失。在这种情况下，直译无法兼顺原文的意义和文化内涵，甚至会影响对语言的理解或相互之间的交流。为了再现源语的语义效果、传达原文的语用目的，译者只能采用意译法，舍弃原文语言形式或字面形象的对等，在译语中寻找能够表达源语真正含义的表达法，必要时调整甚至改变源语的句子结构，或直接译出语言的隐含意义，使译语和源语达到意义上的对等。

例如，“龙”在中西方文化中代表的寓意完全不同。在汉语中，“龙”是“权力、美好”的象征；在英语中，dragon 却是“凶恶”的化身。所以，汉语成语“望子成龙”在英译时不保留“龙”的字面形象，而是意译为 to expect one’s son to become an outstanding personage。同样，“狗”是西方人的宠物，但在中国人眼中却常常带有贬义。因此，英语的“Every dog has its day.”不适合直译，只能舍弃其原文形象,译出其喻义,意译成“众人皆有出头日”,以匹配原句想表达的意思。又如,《红楼梦》中黛玉所说的“兔死狐悲,物伤其类”表达了黛玉由邢岫烟的处境联想到自己的身世所发出的感慨和悲伤,杨宪益先生结合上下文,将该句意译为“Daiyu exclaimed in distress and sympathy”,完全舍弃原文形象,只译出其比喻意义。

通常,源于典故或源语国家的政治、经济、文化领域大事的词句难以在译语中找到对应语,翻译时也往往采用意译,译出其隐含意义。如“天有不测风云”是我国五代吕蒙正《破窑赋》中的一句,比喻有些灾祸的发生是事先无法预料的。由于西方文化中单词 wind 和 cloud 并没有这种含义,所以,翻译时不能保留“天”和“风云”的字面意义和形象意义,而是译出句子的隐含意义“Something unexpected may happen anytime.”再如,出自荷马史诗《利亚特》的英语典故“Achilles' heel”,若直译为“阿喀琉斯的脚后跟”,不了解希腊神话故事的中国读者会很难理解,应译出其隐含意义“致命伤,唯一弱点”。同样,英文“meet one's Waterloo”常意译为汉语成语“一败涂地”。

中英文中均有些成语或习惯用法的字面意义相同或相近,隐含意义或褒贬意义却大相径庭,直译可能造成语用失误,使译文读者不能真正理解其含义,故不可随意互译。例如,“laugh off one's head”和“笑掉大牙”表面接近,但前者指“to laugh in an extreme way or beyond reasonable limits”,而“笑掉大牙”却是“看笑话”的意思。再如,“as timid as a hare”不能译为“胆小如鼠”,因为后者有贬义,而前者只是一种比喻,timid 表示羞怯的或腼腆的,hare 表示让人生厌,译为“羞怯如兔”更忠实于原文。同理,“雨后春笋”与“spring up like mushroom”对应翻译其实也不是很合适,因为前者在中文里是指好的事物大量出现,并且生命力很强,而英语中 mushroom 却同时含有“迅速生长和灭亡”的意思。

另外,有些语句既可采用直译,也可意译,同一文本可以衍生出多种不同译法的译文。译者必须根据原文作者所刻画的人物形象和写作风格来选择恰当的译文,词句的选择和安排均应以能否较圆满地再现人物形象和原作风格为标准。比如“Kill two birds with one stone.”是译成“一石二鸟”“一箭双雕”还是“一举两得”呢？这必须根据其文本的类型和主题，以及翻译的目的、译者的取舍、译语的容许度和读者的接受能力来决定。再如英语俗语“When in Rome, do as the Romans do.”的含意是“入乡随俗”。如果直译，读者或许要问为什么要说罗马而不说别的地方呢？若译为“到什么山，唱什么歌”，不仅更形象生动，而且更符合中国人的用语习惯。因此，翻译方法的选择还应根据原文文体及上下文语境来确定。

总之，直译与意译各有所长，无论是直译还是意译，均应首先忠实于原文的内容。如果忽略内容，只忠实于原文的形式，就是硬译、死译；如果背弃原文内容，只凭主观臆想，仅仅依据语言的表层意义，片面追求通顺的译文形式，随意编造句子，则非意译或活译，而是滥译和乱译。真正的意译是在正确理解原文内容的基础上，灵活运用适宜的翻译技巧，适当调整原文结构，用恰当、规范的译语形式表达源语；而成功的翻译则是无论采取何种翻译方法，即使改变语言形式，也能确保其隐含意义。

第四章　英汉语言修辞翻译的跨文化传播视角研究

在一个民族的语言中，习语与典故处于核心地位，它们是语言的精华，是民族文化的积淀。受中西不同文化的影响，习语、典故有着不同的文化底蕴。英语和汉语中的习语和典故非常多，代表着英汉语言文化的精髓，体现着民族文化特征。了解了一个民族的习语和典故，将能深入认识该民族的文化。要研究英汉文化及其翻译，必须了解习语和典故的文化及其翻译。通过分析中西习语、典故的差异，能够更好地把握中西文化的不同之处，这对于翻译的顺利展开至关重要。

第一节　英汉习语翻译的跨文化传播视角研究

任何一门语言都包含着大量的习语，无法想象没有习语的语言。习语是语言的精华，是富有形象色彩的语言手段，是语言使用者经过长期的使用和提炼而形成的固定词组和短语，是语言发展的产物。习语不仅简洁生动，而且承载着丰富的文化信息，其中涵盖了大量的文化背景和文化特征，有着鲜明的民族特色和地域色彩，高度浓缩了民族文化的价值取向，体现着民族文化的精髓。通过一个民族的习语就可以看出该民族对文化传统的继承和发扬，对客观事物的认知习惯和情感评价。英汉民族有着不同的文化背景，因此习语也有着显著的差异。

无论是英语习语还是汉语习语，在它们各自的语言系统中都发挥着不可替代的作用。世界各种语言的结构都有自己的特色，正是因为英语和汉语结构不同，英汉习语翻译就显得比较有难度了。如果要论语言中文化积淀最浓厚的部分，非习语莫属。习语体现出各民族文化的共性与差异性。因此，习语翻译不仅是一种语言到另一种语言的简单转换，同时也是一种文化转换的过程。

一、英汉习语的对比

"习语"源于西方，人们通常认为"习语"就是英语中的 idiom。关于习语的定义，很多学者都从不同的角度进行了解释，有的学者强调习语构成词的数量，有的学者强调习语结构的固定性，有的学者强调习语语义的单一性等，对习语的界定可谓见仁见智。很多学者和书籍都就习语的定义给出了解释，下面列举一些有代表性的观点。

《柯林斯 Cobuild 英语习语词典》(*Collins Cobuild Dictionary of Idioms*)中指出："An idiom is a special kind of phrase. It is a group of words which have a different meaning when used together from the one it would have if the meaning of each word were taken individually."(习语是特殊的词组，其整体意义不同于组成习语的单个词意义的组合)。[①]

《朗文应用语言学词典》(*Longman Dictionary of Applied Linguistics*)中指出："An idiom is an expression which functions as a single unit and whose meaning cannot be worked out from its separate parts."(习语作为一种表达式，在功能上相当于一个单位，其意义不能从各个组成部分得出。)[②]

《新牛津双解大辞典》(2007)认为，idiom 可以被翻译成"成语"，指的是"整体意义不能从组成词的个体意义中推理出的定型词组"(a group of words established by usage as having a

① 王军霞．汉语教学中英汉习语文化空缺现象研究 [D]. 济南：山东师范大学，2016：6.
② 同上．

meaning not deducible from those of the individual words)。[①]

英国学者霍凯特(Hockett)对习语研究做出了很大贡献。他对习语的范围划定很宽泛，认为词、短语、句子都可以是习语。

美国学者麦凯(Makkai)认为，不能从字面上理解短语和句子是习语，他认为礼貌用语的结构、以问句的形式提出建议的结构、表示问候的结构、有些合并式综合词的结构等都属于习语的范畴。

《辞海》(1989)对习语的解释是：“语言中定型的词组或句子。使用时一般不能任意改变其组织，包括成语、谚语、格言、惯用语、歇后语等。”

张培基(1979)将习语归纳为“成语、俗语、谚语、歇后语、粗俗语等”。[②]

平洪、张国扬(2000)认为：“习语包括比喻性词组、俚语、俗语、谚语等，是语言词汇的重要组成部分，是语言的民族形式和各种修辞手段的集中表现，是语言中的某些部分经过长期反复使用后自然沉积形成的形式固定、简洁明快、喻义深刻的短语或短句。”[③]

总结而言，习语是一种富有形象色彩的语言手段，是语言发展的结晶。其承载的文化信息涵盖了大量的文化背景和文化特征，有着鲜明的民族特色和地域色彩，高度浓缩了民族文化的价值取向，体现着民族文化的精髓。通过习语就可以看出一个民族对文化传统的继承和发扬，对客观事物的认知习惯和情感评价。

（一）英汉习语的来源比较

习语的形成有其渊源，英汉习语大多源自神话、地理环境、文学典故、风俗习惯等，就这方面而言，英汉习语表现出很大的相似性。

---

① 马庆然 . 浅谈英汉习语的翻译 [J]. 青春岁月，2015（6）：194.

② 张培基 . 习语汉译英研究（修订本）[M]. 北京：商务印书馆，1979：3.

③ 平洪，张国扬 . 英语习语与英美文化 [M]. 北京：外语教学与研究出版社，2000：13.

1. 汉语习语的来源

第一,源于历史事件。例如:
刘备摔阿斗——收买人心
刘邦乌江追项羽——赶尽杀绝
第二,源于社会现状。例如:
顺我者昌,逆我者亡
满嘴仁义道德,一肚男盗女娼
第三,源于生活方式。在中国,农业对百姓的影响最大,人们在农耕的过程中产生了很多与土地、农耕和牲畜相关的习语,例如:

五谷丰登
风调雨顺
瓜熟蒂落
九牛一毛
力大如牛
初生牛犊不怕虎
鱼米之乡
顺藤摸瓜
三茶六礼
生米煮成了熟饭
硬面饺子,软面饼
大寒小寒,吃饺子过年
饺子破了皮——露馅了
肉包子打狗——有去无回
哑巴吃汤圆——心里有数
挂羊头,卖狗肉
癞蛤蟆想吃天鹅肉
羊肉不曾吃,反惹一身膻
萝卜白菜,各有所爱

看人下菜碟

冬吃萝卜夏吃姜

新瓶装旧酒

在农业耕作中,经验丰富的农民总结出了大量与农事相关的农谚,涉及农事的方方面面,体现了人民群众的勤劳智慧。例如:

一场秋雨一场凉

好根出好苗,好树结好桃

惊蛰不浸谷,小暑禾不熟

春蚕不吃小满叶,夏蚕不吃小暑叶

头伏萝卜二伏菜,三伏种荞麦

斩草不除根,逢春必要生

种田不用问,深耕多上粪

第四,源于伦理道德。例如:

举案齐眉,白头偕老

敬人者人恒敬之,欺人者人恒欺之

第五,源于神话故事。汉语中的很多习语也与神话故事渊源颇深,它们多出自《山海经》,有的散见于经、史、子、集等书中。例如,“夸父逐日”“后羿射日”“鲧禹治水”等出自《山海经》,“女娲补天”“嫦娥奔月”等出自《淮南子》。

第六,源自地理环境。中国的地理位置和气候十分适宜农业耕作,所以中国先民形成了农耕的生活方式。中国地域辽阔,主要由山地、高原和盆地组成,与海的接触远不及岛国英国频繁,所以人们对海充满了幻想和敬畏之情,产生了很多表现人们这一思想、与海有关的习语,如“苦海无边”“沧海一粟”“海市蜃楼”等。

第七,源自文学典故。汉语中也有很多习语源自文学典故。例如,“辗转反侧”“投桃报李”等源自《诗经》;“过犹不及”“怨天尤人”“道听途说”等源自《论语》;“桃园结义”“身在曹营心在汉”源自《三国演义》。

2. 英语习语的来源

（1）源于日常生活，包括家庭生活、烹饪吃喝、娱乐游戏、狩猎骑射、读书学习这日常生活五个方面。

第一，源于家庭生活。例如：

black sheep 败家子

John Thomson's man 怕老婆的人

a man of family 有家室的人

wash one's dirty linen in public 家丑外扬

第二，源于烹饪吃喝。例如：

add oil to the fire 火上加油

food for thought 值得深思的东西

cook somebody's goose 破坏某人的计划

a little pot is soon hot 量小易怒

第三，源于娱乐游戏。例如：

show one's hand 摊牌

play the game 光明正大

speak by the card 说话精确或有把握

have a card up one's sleeve 有锦囊妙计

第四，源于狩猎骑射。例如：

hunt down 追捕

fortune hunter 想借婚姻发财者

beat about the bush 旁敲侧击

ride before the hounds 抢先下手

第五，源于读书学习。例如：

by the book 按常规

in a brown study 沉思

flunk out 考不及格

in doing we learn 边干边学

（2）源于生产实践。下面从农业、海洋渔业、商业三个方面进行具体分析。

第一，源于农业。例如：

out of crop 未种庄稼

follow the plough 从事农耕

live on the land 靠种田为生

make hay while the sun shines 抓紧有利时机

第二，源于捕鱼业和航海业。英国四面环海，人们依靠海洋生存，并在与海不断做斗争的过程中创造了“海的文化”。由于英国特定的海洋地理环境，英语中产生了大量与捕鱼业和航海业有关的习语。

与捕鱼业有关的习语。例如：

like a fish out of water 像离水之鱼（比喻处在陌生的环境中，不自在）

have other fish to fry 有另一条鱼要煎（比喻有另一件更重要的事情要做）

make fish of one and flesh of another 一个当成鱼，另一个当成肉（比喻在两个人或两类事物间区别对待）

a big fish in a little pond 小池塘里的大鱼（比喻在小范围内出名的人）

the best fish swim near bottom 好鱼居水底（比喻有价值的东西不会轻易得到）

英国的航海业十分发达，也有一些相关习语。例如：

make land 到岸

clear the land 驶离陆地

go by the board （安排）落空，（计划）失败

hang in the wind 犹豫不决

nail one's colors to the mast 坚持自己的主见

第三，源于商业。例如：

a good buy 价廉物美的东西

package deal 一揽子买卖

bargain away 贱卖

out of stock 脱销

(3)源于历史典故。例如:

eat crow 忍受侮辱

a concentration camp 集中营

meet one's Waterloo 遭遇惨败

cross/pass the Rubicon 破釜沉舟;孤注一掷

Dunkirk evacuation 敦刻尔克撤退——溃退

(4)源于经典著作。例如:

to drop mill stones 铁石心肠(源自莎士比亚的《理查二世》)

(5)源于神话、传说、寓言。英汉语言中有着众多的神话故事,而很多英汉习语都源自揭示世界起源、说明人生奥秘的神话故事。例如:

Pandora's box 灾祸之根源

Achilles's heel 唯一致命的弱点

apple of discord 祸根,不和之源

(二)英汉习语的定义对比

1. 习语在英语中的定义

idiom 在英语词典中普遍被接受的解释前面已介绍。

《柯林斯 Cobuild 英语习语词典》强调的是习语中的特殊性,是特殊的词组;《新牛津英语词典》认为习语是"习用"的一组词;《朗文应用语言学词典》注重表达的是习语是一种表达方式,其功能在于整体性。以上定义对习语意义的整体性都比较注重。因此,可将习语的含义概括为以下两个方面:第一,习语是一种固定下来的表达形式,其意义不是其组成的各个部分的简单组合;第二,习语包含多种形式,如成语、惯用语、谚语、歇后语、俗语、俚语等,但日常生活中多常用前几种。可见,习语与现代汉语中所说的"熟语"有着很大的相通之处,但由于不同学者对熟语的范

围也有不同的界定，因此几乎没有人能把现代汉语中的“熟语”与从西方学界引进的“习语”等同起来。

2. 习语在汉语中的定义

根据现有的资料来看，对于习语的定义众说纷纭，表现出广泛或狭窄的特征。广义上来说，习语是包括成语（set phrases）、谚语（proverbs）、歇后语（allegorical sayings）、典故（allusions）、惯用语（phrase）、俗语（sayings）等的语义范畴。

很多书对习语都做出了界定，前面已进行了介绍。

此外，周国强在《汉英口译新语习语精编》中，将“习语”界定为“汉语中常用的成语、谚语、俗语、歇后语、双关语等常用词语以及汉语使用者经常引用的诗句、贤哲名句等”。

《辞海》中强调习语的定型性；平洪、张国扬更多的是表明习语在语言中的地位和功能。可见，中国学者在定义习语时注重对其所包含内容的描述：习语是包含成语、谚语、歇后语、惯用语等的固定短语或短句。

（三）英汉习语的特点对比

1. 英语习语的特点

（1）整体性。为了表达某种特定的意义，两个或更多个英语单词通过组合形成结构和语义上的联合体，因此具有了整体性。联合体包括自由词组和固定词组，二者都具有整体性。前者是基于组词规律依照话语内容临时组成的，具有较强的个性化色彩；后者是人们在长期的语言使用过程中形成的具有较强的固定性和大众性的词组。英语习语作为典型的固定词组，它的整体性表现在以下四个方面。

①意义的不可分割性。整个习语的意义不等于其内部各词单独使用时的词义的机械相加，而是在联合体之上概括、抽象或引申出来的某种意义。英语习语内部各个词在意义上是相互制约的，各个词为了与其他词达成一种和谐的状态，可能只显现出

其次要意义、转义或比喻意义。例如：

He could not tell the manager off, so he took it out on the office boy.

他不能责备经理，就拿勤杂员出气。

本例句中的 tell 单独使用时的意思是“告诉”，off 单独使用时表示“分离”，但是二者合在一起变为 tell off，表示的是“斥责”，tell 只表示“向他人发话”，off 则表示发话人所持的责备态度，不是各自独立使用时的意义的相加。

take it out on 向……发泄怨气

在本例中，take out 原意指“把某种实物拿出来”，it 除主要用于代替事物之外，还用于指代一些令人不愉快也不想明示出来的事物，但是 take out 和 it 结合在一起后使得 take out 专指“把心中的话表达出来”，it 只能指其不常代替的“怨气”，而只有 on 表示其独立使用时的主要意义，指明动作涉及的对象。可见，英语习语的整体性并不意味着习语中每个词独立使用时的意义一定会被剥夺，但是一定不能因为某些原因将习语分解成多个部分，否则习语的真正含义将遭到歪曲。

②意义赖以产生的基础。习语的意义赖以产生的基础是一个整体。例如：

tarred with the same brush 一路货色

本例源于牧羊，原来是指“用同一把刷子刷柏油”。羊群的主人为了将自己的羊与别人的羊区分开来，就用刷子（brush）蘸上柏油（tar）为每只羊做标记，因此有某种相同标记的羊就归属于同一个主人的羊群。这一整个事件（动作、材料、方法、对象和目的），而不是其中的某个或某几个要素，促使习语获得了“属于某一类型”的理据。这条习语现在广泛地表示“一路货色”，含贬义。

③语义逻辑。习语的完整性还体现在其语义逻辑上。例如：

bring/carry/take owls to Athens 多此一举

本例从字面看来是指“带猫头鹰到雅典”，语义逻辑是“雅典盛产猫头鹰，而且在希腊神话中猫头鹰是雅典守护神 Pallas 的标志,故不需要运猫头鹰至雅典”,表示的意义是“多此一举”,与 carry coals to Newcastle 具有相同的意义。可见,不管字面意义是否相同,只要语义逻辑整体相同,产生的习语整体意义就相同。

④形式。如果我们将习语放在常规的句法框架下进行剖析或者变形,习语就不能称为习语,而只能是自由组合。虽然大部分动词习语有时态和语态的变化,但是有一些动词习语例外。例如,rain cats and dogs(下倾盆大雨)就无法使用被动语态。另外,一些以 and 连接两个并列成分而形成的习语,在形式上是一个整体,不能对换并列成分的位置,或者用同义词替换其中的并列成分。

(2)约定俗成性。习语既然是人们在长期的语言实践过程中形成的习惯性使用的语言形式,那么它就具有约定俗成性。习语的生存实践或长或短。旧的习语不断淘汰,新的习语不断产生。习语的约定俗成性包括以下几种类型。

①自然选择。从 18 世纪开始,人们习惯于在动物名称上加动物身体的某部分名称或与之完全不相干的词,形成某种形式的短语,表示“了不起的人或物”。例如:

bee's knees

cat's whiskers

cat's pajamas

snake'ships

eel'ships

pig's wings

但是,这类短语存在的历史一般比较短暂,到了 20 世纪 20 年代只有 bee's knees 仍被使用,这主要源于三个因素:第一,蜜蜂采花粉酿蜜的灵巧技术容易被人们观察;第二,由于 bee's knees 与 business 发音相似,因此 bee's knees 与“正事,了不起的事”联系在一起;第三,bee's knees 二词同韵,其他短语无法相比。

②不符合语法规范。语法不规范的习语并不少见,语法问题表现为介词 + 形容词、使役动词的宾语补足语为带 to 的不定式、

名词单复数错乱和主谓不一致等，但人们并没有去纠正这些语法错误，而是把它们当作约定俗成的形式继续沿用。从现代英语角度看，并列连词 and 连接了两个显然并不并列的介词 by 和形容词 largc 就属于这一类，即 by and large。该习语原来是航海者的行话，表示“帆船行驶时稍微偏离风向”，后来引申为“总体而言，大体上”的意义，因此就变成了普通用语。除此之外，这样的例子还有以下几种。

through thick and thin 同甘苦共患难

money makes the mare to go 钱能通神

knowledge of itself is riches 知识就是财富

③不符合客观事实。一些习语中的组成部分之间在语义上不符合客观事实，但是人们没有刻意地去纠正它们，而是把它们当成约定俗成的形式继续使用。例如：

by the skin of teeth 侥幸

in one’s mind’s eye 在想象中

stones will cry out 石鸣不平

talk through one’s hat 信口雌黄

在上述例子中，如果逆向推断可能会出现“世上有长着皮的牙齿、长着眼睛的心、会哭喊的石头和会说话的帽子”等与客观事实不符的结论，造成语义矛盾。

习语的形式和意义一旦约定俗成，也是会发生变化的，只是这种变化非常缓慢。

（3）固定性。习语的使用颇有几分适者生存的色彩，表达同一意义的习语形式多种多样，但最终只有一个或几个被人们习惯性地使用。可见，习语具有固定性。然而，这种固定性是相对的，并且表现出不同的强弱程度。

①习语固定性的表现。

第一，不能用同义词替代习语中的相应部分，即使可以，也是严格限定在约定俗成的少量几个词的范围内。例如：

in the same boat 处境相同

a stitch in time saves nine 小洞不补，大洞吃苦

在上面两个例子中，不能用 ship 替换 boat，也不能用 one 替换 a。

第二，习语是在当时的语法规则下形成的，大部分习语随着语法的变化而适时变化，从而保持与语法的一致性，但是一些习语则一直保持原先的形式，从而显示出固定性。例如，a moral for an age 省略谓语 is，I am good friends with him 中的 friends 不能变成单数形式。

第三，词汇增减方面的固定性。一些习语不能进行成分的增减，但是一些习语可以省形不省意。

②习语固定性的类型。有的习语不能作丝毫改变，有的习语能改变某个词，另一些习语则能替换其中两个或多个词。根据这些特征，习语可以分为全固定、半固定和微固定三种。

第一，全固定。全固定习语中的任何一部分都不能随意改变。例如：

to tell the truth 说实话

bear in mind 牢记

keep an eye on 小心看着

at short notice 一接到通知

第二，半固定。半固定习语中的某个词可以用一些词进行替换，可替换的词主要是动词，也有少量名词和形容词。例如：

win/get one's colors 被选入运动队

have/gain/get/win one's ear 得到某人的倾听

try/do one's best 尽力

have a one-track/single-track mind 思路狭窄

第三，微固定。微固定习语的某一部分可以替换成许多词。微固定习语的变化程度较高，更像惯用搭配，并且习语与惯用搭配之间的区分本来就不明显。例如：

write/tell/explain/describe something in full/detail

run a school/business/company/country/a shop/a farm

（4）隐喻性。由于文化的影响，英语习语的真正意义经常具有隐喻性，表现出一定的隐蔽性。习语由单词组成，单词组合起来所陈述的事件，通过引喻、转喻和普遍知识等认识方式，演绎出其真正的含义。这种含义不完全等同于字面含义，是一种隐喻意义，是认知加工的结果。例如：

hot potato 棘手的问题

在本例中，hot potato 的字面意义为"很烫的马铃薯"，它的特点是"吃下太烫，扔掉太可惜，也违反社会公德"，因此引申为"棘手的问题"。人们在生活中经常遇到两难问题，用形象、易懂的习语表达，可以使交际变得更加简洁高效。

2. 汉语习语的特点

汉语习语以定型的四字成语为主体，同时也广泛兼收三字或四字以上的其他成语、俗语、谚语、惯用语、歇后语以及一些广为流传的格言、警句和少数有生命力的诗词妙语。

汉语习语大多来自历史故事、神话传说、宗教典籍、民间说等，在结构、修辞、语言和民族性上有着自身的特色。

（1）结构特征。从音节数目来看，汉语习语分为四音节和非四音节习语。四音节习语主要是成语，许多成语都使用词语重叠的结构形式来加强语气，主要有以下四种形式。

① AABB 结构。例如，熙熙攘攘、磕磕碰碰、郁郁葱葱等。

② ABAC 结构。例如，亦步亦趋、潮起潮落、诚惶诚恐等。

③ ABCC 结构。例如，忠心耿耿、文质彬彬、神采奕奕、含情脉脉等。

④ AABC 结构。例如，循循善诱、娓娓动听、孜孜不倦、赫赫有名等。

从结构搭配关系看，汉语习语可分为两大类。

①习语前后两段之间为并列、对举、承接、目的、因果关系。例如，安身立命（并列）、偷梁换柱（对举）、马到成功（承接）、取长补短（目的）、象齿焚身（因果）等。

②习语各成分之间有主谓、动宾、偏正关系。例如，生财有道（主谓）、大开眼界（动宾）、随遇而安（偏正）等。

（2）修辞特征。汉语习语中主要的修辞手段主要有以下几种。

①对仗。汉语习语运用对仗以达到语句在形式和意义上的整齐匀称，从而提高语言表达效果。例如：

路遥知马力，日久见人心

墙上芦苇，头重脚轻根底浅；山间竹笋，嘴尖皮厚腹中空

②一些汉语习语在句子的最后一个字使用韵母相同或相近的字，以实现音调的优美。例如：

二人同心，其利断金

人不可貌相，海水不可斗量

③比喻。为了使描绘的事物生动形象，汉语习语常常运用比喻的修辞手法。例如：

人情似纸张张薄，世事如棋局局新

病来如山倒，病去如抽丝

（3）语法特征。习语往往以短语或短句的形式出现在句子中，通常充当一个成分使用，有时候也当作一个句子使用。

①突破语法。汉语习语往往违背语法规则或逻辑推理。例如，“莫名其妙”在白话文中指“莫名他的妙”，这与习语的真正意义相去甚远；也不能按字面意思来推理“装蒜”“蹩脚”“吃香”“吃老本”等习语的真正意义。

②意义独立。汉语习语表达的真实含义并不是它的字面意义的总和。例如，“落花流水”的字面意义是“落下的花和流着的水”，然而它的真正意义是“惨遭失败”；“露出马脚”的字面意义是“露出马的脚”，然而它的真正意义是“暴露缺点。”

③自身完整。习语中的词是固定的，一般不能分解或替换。例如，“走狗”不可改为“行狗”，“雪中送炭”不可以改为“雪里送煤”等。

④变异性。在特定的语境中，通过改变原习语的某些成分，保持原意不变或产生与原习语不同意义和用法的语言形式，就是

习语变异。新构建出的习语形式,称为“习语变体”。根据习语变异后意义是否发生改变,习语变异现象分为形式变异和意义变异。例如:

有急等用钱的,有愿意借出去的,周瑜打黄盖,愿打愿挨!

本例是对汉语歇后语“周瑜打黄盖——一个愿打,一个愿挨”的形式变异使用。

(四)英汉习语的文化渊源对比

1. 价值观

(1)价值观在英语习语中的体现。价值观念是文化的深层部分,决定着其他文化因素的表现。价值观念具体会体现在一个人的生活态度和生活方式上。西方和中国的价值观念差异巨大,并在习语中有所体现。西方强调个人奋斗的价值,对于个性、自由非常推崇,注重自我实现。西方人的独立精神以及对个人存在价值的尊重,使得西方人逐渐形成了求异忌同、标新立异的开拓精神。他们多追求的是以事实、法律为依据的科学文化。可以反映这些价值观念的英语习语如下:

Every man is the architect of his own fortune.

每一个人都是自己幸福的建筑师。

Self is our centre.

自我是我们的中心。

Every man for himself and God for us.

人人为自己,上帝为大家。

Don't quarrel with your bread and butter.

不要做违背自己利益的事情。

西方人注重个人利益,视金钱为人生的重要一部分。例如:

before gold, even kings take off their hats.

在黄金面前,国王也要脱帽。

Money is the key that opens all doors.

金钱是打开一切门户的钥匙。

(2)价值观在汉语习语中的体现。中国人群体意识强，强调集体价值高于个人利益，追求社会的和平统一。这种价值观念从以下习语可以看出来，例如：

一个篱笆三个桩，一个好汉三个帮

安分守己

和衷共济

家和万事兴

万事以和为贵

同时，中国人以谦逊为美，随遇而安、知足常乐，而争强好胜、好出风头是不被看好的，如“枪打出头鸟”。中国人重义轻利，强调钱财取之有道。例如，“君子爱财，取之以道”“视金钱如粪土”等。另外，中国传统文化蕴含着浓厚的尊卑观念和官本位观念。例如：

长幼有序

男尊女卑

一人当官，鸡犬升天

官官相护

2. 民族历史

任何一种语言都是对民族历史的记录。在英语和汉语中都有一部分习语来自真实的历史事件或历史人物。

(1)民族历史在英语习语中的体现。英美文化根源于古希腊、古罗马文化。古希腊神话中有各种各样的神，这也体现在英语习语中。例如，(the)wheel of fortune(命运之轮)出自古罗马传说，与命运之神福尔图娜(Fortuna)的故事有关。西方的历史比较短暂，一些政治生活、文学作品可以反映出西方历史前进的痕迹。例如：

Rest to one's Laurels 坐享清福，光吃老本

The Augean Stables 肮脏的地方

Like a Trojan 英勇顽强(《伊索寓言》)

(2)民族历史在汉语习语中的体现。中国从“盘古开天辟地”到实现伟大“中国梦”,走过了几千年的悠久历史,在这个过程中经历了频繁的更朝换代。一些汉语习语就是历史故事或历史事件的浓缩,简单地揭示了历史事件带给人们的启示等。例如:

刘邦攻项羽——反败为胜

成也萧何,败也萧何

身在曹营心在汉

文学作品中传承下来的一些诗句中也蕴含着历史的痕迹。例如:

世上无难事,只怕有心人

老骥伏枥,志在千里

初生牛犊不怕虎

前事不忘后事之师

中国人民本着对世间万物的好奇,创造了丰富多彩的神话寓言故事,以警醒自己与世人。例如:

愚公移山

叶公好龙

3. 生活环境

(1)生活环境在英语习语中的体现。以英语为母语的国家大多地处海洋围绕的板块上,美国处于北美洲,除北部与加拿大接壤,三面环海;英国地处不列颠群岛上,四面环海。可见,多面环绕海洋是英美国家重要的地域特征。得天独厚的海洋资源曾经使得航海运输业成为英美国家重要的生产方式。他们对海洋有着深刻的认识和情感,因而创造了丰富的海洋文化。所以,英语中有很多关于海洋和航海工具的习语。例如:

put/stick one's oars in 多管闲事

in the same boat 同处危机

set sail 远航

sail close to/near the wind 冒风险;节俭地过日子

take the helm 执掌权力

all/completely at sea 茫然；困惑

rest on one's oars 没有时间休息

lose one's bearings 迷失方向

between the devil and the deep sea 进退维谷

由于受海洋的影响，英国的气候变化无常，时而风和日丽，时而大雨滂沱，因此英国人对气候非常无奈，并且经常彼此抒发这种对气候的心情，如"Everyone talks about weather, but no one could do anything about it."因此，有关气候的英语习语非常多。例如：

Go to the sea, if you would fish well.

不入虎穴，焉得虎子。

the calm/lull before the storm 暴风雨前的宁静

a drop in the ocean 沧海一粟

in the wind 在酝酿中

the sea refuses no river 海纳百川

spend money like water 挥金如土

in all weathers 风雨无阻

rain on somebody's parade 破坏原定计划

a storm in a teacup 小题大做

while it is fine weather mend your sail 未雨绸缪

keep a weather eye on something 随时留心

under the weather 略有不适

（2）生活环境在汉语习语中的体现。中国位于亚洲东部、太平洋西岸，处于一个半封闭式的大陆上，地形复杂、气候多样、河流纵横的自然基础很早就萌发了初期的农业文明。可以说，中国文化起源于大河，黄河被称为中华民族的母亲河，除此之外，中国还有黑龙江、松花江、辽河、长江等各大流域。农耕文明与游牧文明的互动推动着中华文化的不断发展，总体上还是以农耕文明为主导。因此，汉语中关于农事的习语不胜枚举。例如：

深栽茄子，浅栽葱
春雨贵如油
芝麻开花——节节高
冬天麦盖三层被，来年枕着馒头睡
面朝黄土背朝天
七月枣，八月梨，九月的柿子上满集
甘薯马铃薯，同类不同储
春华秋实
六月不热，五谷不结
不耕不种，终身落空
吃饭不忘种田人

二、英汉习语文化翻译方法

习语翻译不能脱离译入语文化的影响和制约，在文化共享的同时，也容易造成文化亏损。英汉习语所蕴含的丰富的文化内涵是显而易见的，但要透彻了解不同民族的习语文化，还要通过翻译这一重要途径。

（一）直译法

直译法是习语翻译中常用的一种方法。有一些英语习语和汉语习语在形式和喻体形象上非常接近，对于这类习语的翻译，译者可以采取直译法，再现原文的形式并保留原文的喻体。

可以说，直译法基本上兼顾“形式相当”和“功能对等”，很好地保留了源语的形象、风格与特色。例如：

黄金时代 golden age
易如反掌 as easy as turning over one's hand
纸老虎 paper tiger
无可救药 beyond cure
竭泽而渔 to drain a pond to catch all the fish

笑里藏刀 hide a dagger in a smile

he who laughs last laughs best 谁笑到最后,谁笑得最好

put oil on the flame 火上浇油

a friend indeed is a friend in need 患难见真情

armed to the teeth 武装到牙齿

(二)借用法(套译法)

有些英语习语和汉语习语在内容和形式上都接近,也就是说字面意义、喻体形象和比喻意义都相似,在这种情况下,译者可以借用相互对应的习语进行对等翻译。例如:

make pig of oneself 猪一样的饭量

a rat crossing the street is chased by all 老鼠过街,人人喊打

(三)直译加注法

每个民族的习语都独具民族特色,采用意译法进行翻译,会有损习语形象和民族特色,不利于民族文化的传播,采用直译法进行翻译,则会产生误译,不利于读者理解。此时就可以采用直译加注法,即在直译的基础上添加注释,这样既能完整地传达原文形象和内涵,又便于读者理解。例如:

All are not maidens that wear bare hair.

不戴帽子的未必都是少女。

注:西方风俗中成年妇女一般都带帽子,而少女则一般不戴。该习语告诫人们看事物不能只看外表。

班门弄斧 show off ones skill with the axe before Lu Ban—the master carpenter, Lu Ban: a master craftsman of the Spring and Autumn period in ancient China

(四)意译法

由于中西方文化背景的不同,使得许多英汉习语在形式和意

义上无法对等，此时就不能用直译法进行翻译，而可以尝试用意译法进行翻译。运用意译法可以出传达原文含义和语体风格，其不拘泥于原文的形式和修辞手法。例如：

a lion in the way 拦路虎

like a fish out of water 很不自在

like duck to water 如鱼得水

take a French leave 不辞而别

like a cat on hot bricks 热锅上的蚂蚁

face the music 勇敢地面对困难

大张旗鼓 on a large and spectacular scale

噤若寒蝉 keep quiet

初出茅庐 at the beginning of one's career

羊肠小道 narrow winding trail

第二节 英汉典故翻译的跨文化传播视角研究

同习语一样，典故也是语言的精华、民族文化的瑰宝，其反映着民族的发展历史，凝聚着民族的智慧。典故一词较早见于《后汉书·东平宪王苍传》："陛下至德广施，慈爱骨肉，既赐奉朝请，咫尺天仪，而亲屈至尊，降礼下臣，每赐宴见，辄兴席改容，中宫亲拜，事过典故。"最初的时候，用典就是运用典章、制度等，少有修辞的含义。直到清代，才开始出现修辞意义上的"用典"说法。从汉代至清代，典故一直是指典制和掌故。从清代起，典故产生了两种含义：一指后世使用的故事，二指后世使用的诗文词句。直到清代末期，近现代学者才开始对"典故"进行阐释。对于典故的定义，学界存在许多观点，但是认可度最高的还是《辞海》所下的定义：一指"典制和掌故"；二指"诗文中引用的古代故事和有来历出处的词语"。

英汉语言中都包含大量的典故，它们都是由生动、形象的故事浓缩而成的，而且生动形象，精练含蓄，喻义发人深省。将一个民族的文化瑰宝转移到另一个民族，让两个民族的人们相互了解对方的特色文化，是译者职责所在，也是译者需要不断研究的问题。

英语中与汉语“典故”相对应的词一般都认为是allusion。《新英汉词典》对allusion的解释是“暗引、影射，间接提到、提及，典故”。可见，英语和汉语对“典故”和allusion的理解既有共性，也有差异性。

一、英汉典故的对比

英语中与“典故”相对应的单词是allusion。《朗文当代高级词典》(*Longman Dictionary of Contemporary English*)对allusion的解释是：“the act of not speaking of something in an open manner, or something spoken of without directness, especially while speaking about something else”(不公开、不直接说出某事物，而是说出一事物去暗指某事物)。

汉语中，“典故”一词最早记载于《后汉书·东平宪王苍传》：“亲屈至尊，降礼下臣，每赐宴见，辄兴席改容，中宫亲拜，事过典故。”在此处“典故”指的是汉代掌管礼乐制度这一类史实者的官名，又指旧制或旧例，后来发展为关于历史人物、典章制度等的故事或传说。在《现代汉语大词典》中将“典故”解释为“诗文中引用的故事和有来历出处的词语”。①

(一)中西典故来源比较

1. 汉语典故的来源

(1)源于历史故事。

与诸葛亮有关的典故：

① 汉语大词典编纂处．汉语大词典(第二卷)[M]．上海：汉语大词典出版社，1988：114.

三顾茅庐

鞠躬尽瘁

锦囊妙计

草船借箭

与曹操有关的典故：

讳疾忌医

老骥伏枥

青梅煮酒

望梅止渴

与战争相关的典故：

声东击西

偃旗息鼓

揭竿而起

势如破竹

五十步笑百步

草木皆兵

运筹帷幄

背水一战

（2）源于寓言故事。汉语中，很多典故来自寓言故事，并且具有深刻的寓意。这些寓言故事多散布于古代典籍中，以来自先秦时期的典籍为最多。例如：

愚公移山

买椟还珠

拔苗助长

画蛇添足

东郭先生

（3）源于风俗习惯。例如：

各人自扫门前雪，休管他人瓦上霜

（4）源于文学作品。各个时代都有自己独特的文学创作形式，也蕴含了丰富的典故，下面举例加以说明。

源自神话故事的典故：
钻木取火
女娲补天
大禹治水
后羿射日
源自《诗经》的典故：
不稼不穑
蝇营狗苟
如临深渊，如履薄冰
它山之石，可以攻玉
巧言如簧，颜之厚矣
言者无罪，闻者足戒
源自诸子散文的典故：
三人行必有我师
五十步笑一百步
助纣为虐
一鸣惊人
智者千虑，必有一失；愚者千虑，必有一得
空城计
武松打虎
大闹天宫
刘姥姥进大观园
（5）源于事物名称。例如：
藏龙卧虎
说曹操，曹操到

2. 英语典故的来源

（1）源于历史故事。西方的恺撒大帝骁勇善战，他指挥的鲁比肯河一战，给后人留下了很多经典的典故。例如：

burn one's boats 破釜沉舟，自断退路

the die is cast 木已成舟

worth one's salt 称职

（2）源于寓言故事。例如，《伊索寓言》中：

Kill the goose that lays the golden eggs.

为了眼前的利益，而牺牲将来的利益。

（3）源于事物名称。例如：

the apple of the eye 掌上明珠

（4）源于体育运动。例如：

drop back and punt 凌空踢落地反弹球

strike out 三击不中而出局

to not get to the first base 没有取得初步成功

play one's trump card 采取最有把握取胜的办法

（5）源于电影作品。例如：

Rambo 兰博

Mickey Mouse 米老鼠

（6）源于文学作品。西方文学成就辉煌，形式各异的文学作品浩如烟海，从中产生的典故更是数量巨大。其中，莎士比亚作品不仅艺术性最高，而且也为后来的西方世界中文学典故形成提供了重要来源。例如，Shylock（夏洛克）是莎士比亚喜剧《威尼斯商人》中的一个人物，其十分爱财，而且手段残忍，因此喻指既吝啬小气又手毒心狠的人。

（二）中西典故的结构形式比较

就结构形式而言，英汉典故表现出一定的差异，以下分别进行论述。

1. 汉语的结构形式

在结构形式上，汉语的典故结构较为紧凑，用词上也比较简单。汉语典故往往是三个字、四个字组成，有时候也可能是两个

字。当然,也有个别的字数比较多。例如:

探玄珠

舍生存义

螳螂捕蝉,黄雀在后

2. 英语的结构形式

在结构形式上,英语典故较为灵活、自由,句式的选择上也长短不一。也就是说,有的典故可能是一个词,有的典故可能是一句话,或者一段话。例如:

Ark 避难所

hair by hair you will pull out the horse's tail 矢志不移,定能成功

(三) 英汉典故的文化渊源对比

典故是民族文化的一种反映,因此英语典故和汉语典故并不是完全对应的。

1. 英语典故的文化渊源

古希腊文化(包括古罗马文化)和古希伯来文化(犹太人文化)是形成整个西方文化的基础。“两希文化”也是英语中最古老典故形成的主要来源。

(1)古希腊罗马文化。希腊文学对罗马文学产生了深远的影响,但罗马文学也有自身的独创性。

①神话。神话是在原始宗教信仰和民间传说故事的基础上形成的。罗马神话故事在吸收希腊神话中的神以后,它们除了主要神灵的名字不同以外,在形式上和内容上大同小异。神话中有影响的人、物和事件已凝固成典故性词语保留下来,成为后人写作和交际中常常引用的词语之一。例如:

horn of plenty/abundance 丰饶的象征

Midas touch 赚大钱的本领

Pile Pelion on Ossa 难上加难

Procrustean bed 逼人就范之物

rest on one's laurels 故步自封

Sop to Cerberus 贿赂

②史诗与寓言。例如：

《荷马史诗》的文学地位相当于我国的《诗经》,该诗史包括《伊利亚特》和《奥德塞》两个部分。《伊利亚特》讲述的是特洛伊之战,《奥德塞》讲述的是特洛伊战争结束后奥德修斯和同伴的冒险旅途。史诗中所描述的许多事件和人物成为典故,如特洛伊木马(The Trojan Horse)、海伦(Helen)、奥德修斯(Odysseus)、纠纷的苹果(An Apple of Discord)等。

《伊索寓言》中,如《乌鸦和狐狸》讽刺虚荣心,《农夫与蛇》教导人们不能对敌人仁慈,《龟兔赛跑》劝人们戒骄戒躁。

(2)文艺复兴以来的文化。“文艺复兴”时期所形成的资产阶级思想体系被称为人文主义。人文主义者反对神的权威,以人为本,提倡追求财富和个人幸福,强调解放个性和全民平等。文艺复兴时期的文学以人文主义文学为主流。

莎士比亚的作品为后来的西方世界中文学典故形成提供了重要来源。他的创作可以分为三个时期。

①在第一时期,莎士比亚作品中的典故列举如下：

Falstaff 福斯塔夫(喻指爱吹牛的懦夫)

pound of flesh 一磅肉(喻指虽合法但不合情理的要求)

Richmond 里士满(喻指乘机夺取权力的人或突然出现的对手)

Shylock 夏洛克(喻指冷酷无情的人)

paint the lily 画蛇添足

②第二时期是莎士比亚创作最辉煌的时期,他创作了四部悲剧和三部喜剧。典故列举如下：

Macbeth 麦克白(喻指阴险狡诈的野心家)

green-eyed monster 绿眼的妖魔或绿眼睛的妖怪(比喻嫉妒)

(3)第三时期,莎士比亚转向神话剧的创作,如人们熟知的《暴风雨》(*The Tempest*)等。

2. 汉语典故的文化渊源

悠久灿烂的中华文化在繁多的典籍中保存了下来，而这些典籍又为汉语典故的形成提供了肥沃的土壤。

（1）儒家文化。儒家学派的创始人孔子，通过研究古代文化尤其是礼乐文化，形成了以“仁”为核心思想、涵盖“礼”“仁”“德”“修”“天命”等内容的思想体系。自孔子创立儒家学派以后，儒学从春秋战国时代众多文化流派中的一支而不断发展为中国文化的主脉，其间经历了繁荣与衰落，其发展经历了先秦儒学、两汉经学、宋明理学以及明清实学等阶段，儒学的成长史可以说就是一部民族的发展历史。儒学中包含的典故非常多。例如：

退避三舍

举案齐眉

孟宗哭竹

老牛舐犊

甘雨随车

过五关斩六将

（2）佛教文化。佛教于汉代从印度传入我国，到了魏晋南北朝才有了大的发展，并在隋唐时代达到高潮。佛教成为我国文学艺术创作的题材来源，也出现了一大批诗僧，佛教还影响着绘画和雕塑艺术。佛教对中国语言文化的影响更为显著。许多佛语、佛经、佛典中的词语成为人们常用的成语、俗语、谚语、惯用语，更是汉语中宗教典故的主要来源。例如：

三生有幸

五体投地

口蜜腹剑

借花献佛

一尘不染

苦海无边，回头是岸

道高一尺，魔高一丈

救人一命，胜造七级浮屠

二、英汉典故文化翻译

英汉典故内涵丰富，寓意深刻，在翻译时要灵活使用翻译方法，从而准确传达典故的文化含义。

（一）直译法

当英语典故和汉语典故在喻体和喻义方面非常接近时，或者某些典故被人们所熟知，那么就可以直接按照原文的字面意思进行翻译，但前提是保证目的语读者对原文意思不会产生误解。但是由于英语典故和汉语典故在文化渊源上的差别较大，因此这种相接近的情况并不多见。

直译法能充分再现源语典故的形象和民族特色，因此在翻译英汉语言中喻体和喻义相互对应的典故以及广为人知的典故时，可以采用直译法。例如：

burn one's boats/bridges 破釜沉舟(《史记》)
crocodile tears 鳄鱼的眼泪(《莎士比亚》)
wolf in sheep's clothing 披着羊皮的狼(《伊索寓言》)
cold war 冷战
shuttle diplomacy 穿梭外交
bone of the bone and flesh of the flesh 骨肉相连
one swallow doesn't make a summer 一燕不成夏
to offer fuel in snowy weather 雪中送炭

（二）直译加注法

一些典故如果采用直译法翻译，则不利于读者理解，如果采用意译法翻译，则有损原文的形象与风格。这时可以采用直译加注释的方法，也就是在直译的基础上进行解释翻译，这样既能保留原文文化特色，又便于读者理解。例如：

There is no rose without a thorn.

世上没有不带刺的玫瑰。(世上没有十全的幸福。/有乐必有苦。)

百步穿杨

To shoot an arrow through a willow leaf at the distance of 100 steps, which means one is extremely good at shooting.

Note: this allusion goer back Yang Youji, an excellent shooter in the Chinese Zhou Dynasty, who could shoot an arrow at a willow leaf one hundred steps away and never missed the target.

(三)借用法(套译法)

在翻译英汉典故时还可以使用套译法,这种翻译方法适用于文化内涵大致相同、语言表达方式大体相似的典故。例如:

walls have ears 隔墙有耳

过河拆桥 kick down the ladder

(四)意译法

意译法是在直译法无法使目的语读者理解其含义时依据原文的意思,运用译入语中相应的表达方式进行翻译的一种方法。意译法虽然不能有效保留原文的文化形象,但能充分传达原文的内在含义。例如:

hide one's candle under a bushel 不露锋芒(《圣经》)

悬梁刺股 be extremely hard-working in one's study

罄竹难书(of crimes)too many to record

风声鹤唳 be seized with imaginary fears

倾城倾国 be exceedingly beautiful

between Scylla and Charybdis 进退维谷

to be cat's paws 上当,被人利用

like a fish out of water 很不自在

These two women are like diamond cutting diamond.

这妯娌俩,可真是针尖对麦芒了。

第五章　英汉特殊词汇翻译的跨文化传播视角研究

无论是在英语还是汉语中，都有一批特殊词语，它们不仅语义深刻，而且承载着丰富的文化含义，反映着民族的文化特色。分析英汉语言中特殊词语的文化含义，并探讨它们的翻译，对于促进英汉民族的交流具有重要意义。对此，本章将对英汉动物、植物、人名、地名这些特殊词语的文化进行对比分析，同时探讨它们的翻译情况。

第一节　英汉动物翻译的跨文化传播视角研究

人们经常会将某些自然现象、抽象概念、社会特征或者人性与动物联系在一起，因而产生了很多具有丰富文化内涵的动物词语。但是由于文化差异，不同国家赋予动物词语的文化内涵不尽相同。以下将介绍几种常见的动物词语在英汉中的文化意义。

一、英汉动物的文化内涵

（一）dog 和狗

1. 英语文化中的 dog

在西方人眼中，狗是人类朝夕相伴的忠实朋友。狗可以帮助主人打猎、看护家院，俨然成为西方人们生活中的好帮手，也被视为家庭的一员。所以，英文中的 dog 通常用来形容美好的事物，其比喻义几乎都是褒义的。在英语中，以狗拟人的用法相当普遍。例如：

lucky dog 幸运儿

love me, love my dog 爱屋及乌

like a dog with two tails 非常开心

as sick as a dog 病得很重

但是，如果 dog 前面的修饰语是贬义的，那么构成的短语也就是贬义的，例如：

surly dog 脾气暴躁的人

sly dog 阴险的人

dirty dog 卑鄙的家伙

2. 汉语文化中的狗

在汉语传统文化中，狗常被视为一种低贱的动物，象征着品行不端，总是被谩骂以及用来谩骂的东西，不被人尊重。狗常常会引起不好的联想，由此形成的表达狗的词汇短语常常带有贬义。例如：

"看门狗""狗腿子""走狗"（比喻恶人坏事的帮凶）

"丧家狗""帮打落水狗""夹着尾巴的狗"（比喻走投无路的坏人）

"癞皮狗"（比喻不诚实的小人）

"狗嘴里吐不出象牙"（比喻恶言恶语）

"哈巴狗"（比喻谄媚的人）

"狼心狗肺"（比喻恶毒的人心）

"狗仗人势"（比喻势力的人）

但是，狗因为忠实、护主、可靠的特点在汉语文化中也获得了一些赞美。例如，"犬马之劳""义犬救主"都用来比喻勇敢忠诚的臣民，"狡兔死，良狗烹"用来比喻为那些统治者效劳的人最后反而落得被抛弃的下场。又如，汉语中有一句广为流传的俗语，

叫作“儿不嫌母丑,狗不嫌家贫”。再如,在以前生存环境恶劣、物质生活不丰富的社会背景下,农村刚出生的婴儿很多都活不了多长时间,所以人们为了求得孩子的健康成长,就兴起了给孩子以动物名字作为小名的风俗,狗就是其中的一种,像二狗子、狗蛋儿就是典型例子。在中国民间,还流行着“猫来穷,狗来富”的说法,狗是财富来临的预兆。

在中国,不同的地区有不同的文化,但经过长期的相互融合基本达到了共识。可见,狗在汉语文化中既有贬义,也有褒义。

(二)cat 和猫

1. 英语文化中的 cat

在西方国家,猫是人们生活中常见的动物,常被当作宠物来饲养。与猫有关的短语也有很多。例如:

a gloved cat catches no mice(比喻人不愿吃苦成不了大事业)

like a cat has nine lives(比喻吉人自有天相)

care killed the cat(比喻忧虑伤身)

cats hide their paws(比喻知人知面不知心)

like a cat on hot bricks(比喻很紧张)

cat-and-dog life(以吵架度日)

purest the cat among the pigeons(比喻招致麻烦的人或物)

the cat shuts its eyes when stealing cream(比喻自欺欺人)。

curiosity killed the cat(好奇害死猫)

a cat in hell's chance(比喻没有机会)

play cat and mouse(比喻时好时坏、忽冷忽热)

可见,英语中与 cat 有关的语句可以用来表达褒义,也可以含有贬义,英语文化中的人赋予了“猫”丰富的联想。但是,黑色的猫却让西方人感到非常恐惧,特别是英国人,他们会将黑猫与女巫、厄运联系起来。英国古代的传说认为,黑猫就是邪恶的女巫变化而来的。所以,英语中的 cat 还可以指“心地狠毒的女人”,

如“She is a cat.（她是个不安好心的女人。）”

2. 汉语文化中的猫

中华民族自古以来就有爱猫、养猫的传统，“猫”在中国有着悠久的历史。

因为“猫蝶”与“耄耋”谐音，而古时“耄耋”是指长寿的老人，所以小猫扑彩蝶配以红色牡丹这种传统图案在我国民间就象征着长寿和富贵。民间还流传着“猫有五福”“猫入福地”等说法，“五福”即为“长寿”“富贵”“康宁”“好德”“善终”，“五福”合起来才能构成幸福美满的人生，“德”是五福的核心。所以，千百年以来，中国人提倡乐善好施、救生积德，在民间有些地区，仍然保留着为流浪猫开一扇窗户、留一碗餐食的风俗习惯，甚至有的地方还把“猫”当成神，家家供着“招财猫”。

“猫”，尤其是“黑猫”在中国的传统文化中寓意着吉祥。道家认为，黑猫为阳性，能够避免那些害人的鬼怪靠近自己，还能为主人带来吉祥，因此古时富贵人家有养黑猫或者摆放相关饰品来辟邪的习惯。

《礼记》记载，“古之君子使之必报之，迎猫为其食田鼠也”。看来，正是因为猫能捕食老鼠从而保护庄家、造福人类，所以古人喜爱猫，在祷告丰年时会祭祀猫。

尽管猫与中国人的关系非常密切，现在语言中有关猫的语句却已不多，人们最熟悉的当属“猫哭耗子”了，用来形容假慈悲、假惺惺，常在口语中使用。

（三）fish 和鱼

世界上很多国家都曾有过关于人鱼的传说或记载，人们最熟悉的莫过于丹麦作家安徒生的《海的女儿》了，可见大多数国家的人对于鱼这种动物都充满了喜爱。

1. 英语文化中的 fish

英国漫长的海岸线和岛上的众多河流蕴藏着十分丰富的渔业资源,在工业革命以前,英国还是一个经济比较落后的地方,大多数人以渔业谋生。因此,与 fish 有关的姓氏在英语姓名中占有很大的比例,并且这些姓氏大多至今仍然在使用,如 Fish, Fisher,并且跟捕鱼相关的语句也很多,如 fish in trouble water 是指“浑水好摸鱼”,也用来表示干预某种令人不愉快的事情。

fish 也可以象征负面的含义,如 loose fish 指放荡的人; dull fish 是枯燥无味的人; fresh fish 常用来指新来的囚犯; cool fish 用来指无耻的人。

2. 汉语文化中的鱼

鱼自古就被人们喜爱与崇拜。汉语“鱼”之所以非常受人欢迎,不单单因为鱼肉鲜美、营养丰富,还因为它所有的寓意基本都是褒义的。

“鱼”是一种通灵又善于幻化的神物,我国的民间传说和人文笔记中有许多鱼变人、变龙或者其他神物的故事,这在《山海经·广注》《灵异记》《神异经》《酉阳杂俎》《三秦记》均有过记载。故事的派生源于原始的思维,这就说明了人对鱼的美好感情。

在西安半坡遗址出土的鱼文盆和人面鱼盆,都证明了鱼的图腾崇拜在原始社会就存在。由于鱼的繁殖能力很强,在远古的母系社会里,人们的寿命普遍较短,要想将社会延续下来,只有通过大量的繁衍,因此“鱼”在古时象征着生殖信仰,寓意着人们对“人丁兴旺、多子多孙”的期望。

在民间文化中,“鱼”还象征着兴隆、腾达之意。古代传说有“鲤鱼跃龙门”,其中的“鲤鱼”象征着勇敢、毅力、逆流而上。现代企业在办公室里养几条鱼,多为锦鲤,象征着“进利”。

鱼儿离不开水,因此“鱼水”用来形容非常亲密的感情,可以用于夫妻之间或者君臣之间。例如,“军民鱼水情”“鱼水相投”,用来形容军民之间相互依存的情谊。

因为鱼和“余”同音，因此鱼还象征着“丰收、富足”的意义。例如，在庆祝春节这种最重要的节日时，中国人的餐桌上必不可少的一道菜就是鱼，表示“年年有鱼(余)”，体现了中国人对于富足生活的追求。同时，“鱼”还寓意吉祥，“吉庆有余”“双鱼吉庆”这些词语在汉语中到处可见。

综上，英语文化中的 fish 和汉语文化中的鱼也可以用来指代相似的含义。第一，fish 和鱼都可以指“利益”，如《圣经·约翰福音》中有 loaves and fishes，此处的鱼就象征了物质利益；孟子“鱼，我所欲也，熊掌，亦我所欲也；二者不可得兼，舍鱼而取熊掌者也”，这里的“鱼”也代表一种利益。第二，fish 和鱼都对水有着很强的依赖性，如 like a fish out of water 用来比喻在陌生环境中的局促不安之感；“如鱼得水”用来比喻对于所处环境自在安逸的感受。

(四) chicken 和鸡

1. 英语文化中的 chicken

在英语里，chicken 有“微小的，微不足道”的意思，如 chicken feed 就用来表示没有意义的小事。

在英语俚语中 chicken 象征着“胆小鬼，懦夫”，如“John is not a chicken, he just doesn't want to offend anyone!”表示“约翰不是胆小鬼，他只是不想得罪任何人。”

cock 除了指“公鸡”外，还可以表示“首领，主要人物”，如 cock of the walk 是指有威望的头领。另外，cock 还可以用来形容“洋洋自得的，生气勃勃的人”。口语中还用于男子之间的称谓，表示“老兄，伙计”。英语俚语中又可以表示“胡言乱语”。

跟 chicken 有关的还有 hen roost（鸡窝），用来表示“可劫掠的场所，可以榨出油水的地方等”，如 the robbing of hen roosts 意思为“敲诈勒索油水”。

2. 汉语文化中的鸡

鸡在我们的日常生活中随处可见，属于家禽，体型微小，所以在汉语文化中鸡象征着微小、软弱、轻贱。例如，杜甫《缚鸡行》中就有“鸡虫得失无了日，注目寒江倚山阁。”后来人们用鸡比喻无关紧要的细微得失。又如，“鸡毛蒜皮”是指非常不重要，甚至不值一提的事情。而“鸡零狗碎”也是这个意义，比喻事物零零碎碎、不成片段。再如，“鸡鸣狗盗”出自《史记·孟尝君列传》，学“鸡”一样鸣叫哄人，学狗一样偷东西，后来比喻微不足道的技能或者人。

人们也用“母鸡”来比喻为人妻或者女人。例如，“鸡鸣馌耕”就是表示妇女勤俭治家。《诗经》中的《郑风·女曰鸡鸣》所记载的“女曰鸡鸣，士曰昧旦”以及“鸡鸣之助”，也是指妻室之助的意思。“牝鸡司晨”用来比喻妇人篡权干政；而“母鸡司晨家不兴”表示由妻子来当家作主的家庭是不幸的。

（五）monkey 和猴

1. 英语文化中的 monkey

在英语中，monkey 作名词时的意思是“猴”“淘气包”，作动词时的意思是“捣乱”，可见不管是作名词还是作动词，都含有“顽皮”的意味。英语文化中的人们通常将“爱恶作剧的孩子”比喻为“小猴子”，将“恶作剧”说成是 monkey shine，将“惹麻烦”形容为 monkey business，将“愚弄某人”说成是“make a monkey out of somebody”。

2. 汉语文化中的猴

猴子是与人类血缘关系最近的动物，对于人来说猴子也是一种非常可亲的动物，它们活泼、灵活、体态轻盈，非常受中国人的爱戴。关于“猴”的汉语短语，最多的要数歇后语了，如“猴儿背着手走——装人相，猴子偷桃——毛手毛脚，猴子唱戏——想起一出是一出，猴子偷瓜——连滚带爬，猴子戴礼帽——假充文明人，猴子捞月亮——空欢喜”等。

在古代汉语文献中，“猴”为“候”，原义为“伺望，观察”，如《白虎通》记载“猴，候也，见人设食伏机，则凭高四望，善于候者也”。可见，猴机灵、敏锐的天性，使它更容易识别猎手的诱饵，并且先要经过观望探察后确保对方没有埋伏，才动手去取诱饵。所以，“猴”的文化含义也可以理解为“聪慧、敏捷、机智”。

另外，“候”还是美的一种象征，如《诗经》记载“海直且候”。秦汉时代起封侯拜将，于是“封侯”一说又使“猴”添加了一种吉祥的象征意义。

总之，monkey 和“猴”在文化含义方面相差无几，都是由猴本身的“机灵、活泼、搞怪”等特性引申而来的意义。

（六）dragon 和龙

1. 英语文化中的 dragon

西方传说中的 dragon 是一种带翅膀和鳞片的非常凶残的动物。在中世纪，dragon 是邪恶的象征，其源于《圣经》。与上帝作对的魔鬼撒旦（Satan）被称为 the great dragon。因此，在描述英雄与圣徒的斗争传说中，dragon 最后的结局必定是被人们猎杀，其中最著名的就是公元 700 年左右的盎格鲁 – 撒克逊人关于贝奥武夫（Beowulf）事迹的叙事诗。因此，dragon 是个贬义词，常常用来指凶暴、严厉的人，而且在指代女性的时候相当于汉语中的“母老虎”。西方将那些可恶的专门打人的警察也称为 dragon。

2. 汉语文化中的龙

（1）“龙”的起源。

“龙”是中国神话传说中的一种神奇的、能行云降雨的动物，关于它的起源，流行三种说法。第一，“龙”源于“蛇”的图腾，在民族的发展过程当中，用“蛇”当作图腾的华夏民族联合了许多其他的民族，形成了巨大的部落联盟，同时也吸收了其他民族的图腾，如牛、羊、马、鹿、鹰、虎等，于是逐渐演化出了一种联合性的图腾龙。第二，“龙”源于自然现象，是人们在观察霹雳闪电时想象而来的自然神。第三，“龙”起源于“鳄”，因为它们都是远古时代的巨大爬行类动物，而远古神话和天文学中的青龙或苍龙与鳄的颜色相同。

在古代，“龙”代表着皇权。从秦汉之后，“龙”就成为帝王的化身和权利的象征。在民间，“龙”象征着喜庆、力量。经过历史的演化，“龙”已经成为伟大的华夏民族的象征，所有的炎黄子孙都自称为“龙的传人”。

（2）“龙”的象征意义。

在现代，“龙”可以用来象征一些正面人物或现象。

第一，“龙”象征书法、刺绣、作文的形式，如“翔龙舞凤”“飞龙凤舞”“笔走龙蛇”“神龙见首不见尾”“虎略龙韬”等。

第二，“龙”象征飞黄腾达，如“鱼跃龙门”等。

第三，“龙”象征贵人、有权势的人、身居高位的人，如“望子成龙”“亢龙有悔”“云龙井蛙”等。

第四，“龙”象征有才能的、仪表出众的人，如“龙兴鸾集”“龙跃凤鸣”“龙虎之姿”“龙虎之威”“龙眉凤目”等。

第五，“龙”还象征贤者、强者、英雄豪杰，如“龙蛇混杂”“卧虎藏龙”“龙争虎斗”“云起龙骧”等。

“龙”还可以象征着中性的含义。

第一，“龙”象征时间，如“岁在龙蛇”。

第二，“龙”象征地势，如“来龙去脉”“龙盘虎踞”等。

第三，“龙”象征着热闹的场景，如“车马如龙”“车水马龙”等。

“龙”也会象征负面含义。

第一，象征外表易知而内在难测的意义，如“画龙画虎难画骨”。

第二，象征凶险，如“龙潭虎穴”。

第三，象征恶势力、敌人，如“降龙伏虎”。

关于 dragon 和汉语“龙”是否是同一种动物，很多学者坚持不同的观点。但是，可以明确的是，二者在东西方文化圈中的意义差别非常大。

(七)horse 和马

1. 英语文化中的 horse

horse 在英语文化中有着重要的地位,与 horse 相关的词语也非常多。在英国,古代人主要用马来耕地,所以赛马运动和马术很受欢迎。也因为如此,英语中很多与 horse 有关的词语多与赌马或者赛马有联系,如 horsemanship 表示“马术”,在英语国家是一种竞技,而 horserace 表示“赛马”,不仅是一种体育项目,也是赌博的一种形式。所以,也出现了一大批源于赌马的习语,如 back the wrong horse 表示对形势的判断错误, ask a horse the question 表示让赛马鼓足全力, dark horse (黑马)表示在赛马时意外获胜,现在也用来比喻在比赛中脱颖而出的一方。

在形容人的力气很大时,汉语中一般用“牛”来表达,而英语中则用 horse 来表达,因此英语中的很多关于 horse 的词语译为牛,如说“John is as strong as a horse. (约翰像牛一样的壮)”“to work like a horse(像黄牛一样卖力干活)”“talk horse(吹牛)”等。

2. 汉语文化中的马

在中国古代社会几千年的历史文化中,人们在驾车代步、行军打仗的领域一直依赖于马,它作为一种真诚温顺的动物,和人类关系最为密切。

商朝作为中国的一个朝代,其最耀眼的光辉之一就是首次使用马来拉动战车。马成为中国古代战争不可缺少的战斗力量,被认为是一个国家的军事储备和力量。因此,“马”具有代指骑兵、战争的意义,而很多与马相关的词都与备战、战争的场面有关,如“一马平川”“一马当先”“车水马龙”“单枪匹马”“秣马厉兵”“马到成功”“快马加鞭”“招兵买马”“汗马功劳”“兵荒马乱”“人仰马翻”“万马奔腾”等。随着马在军事方面的作用日益突出,越来越多的人开始重视良马,所以“马”又被视为圣贤和人才的象征，因此古人以“千里马”来比喻不可多得的人才，而“万马齐暗”则用来表示人才被埋没的沉闷局面。

英文中的 horse 和汉语中的“马”有一些共同之处。

第一，都用来指普通人，如“It's a good horse that never stumbles.”和汉语中的“人有失手，马有失蹄”，意思形同；而 a clothes horse 和“人靠衣装马靠鞍”也暗暗相合。

第二，都可用来指“女性”，如 gray mare 是指专权跋扈的悍妇，harridan 后来也指憔悴的女人或者出卖肉体的女人；汉语中有用“马子”来指女朋友的情况，用“一马一鞍”和“当牛做马”来暗指女性。

第三，都可以用来指人的某些外形特征，如 horse-faced 和“马脸”不谋而合，都用来形容人的脸又长又窄。

第四，用来形容下属，change horse in midstream 和“临阵换马”的意思几乎相同。

二、英汉动物词汇的翻译

（一）直译

当有些动物文化词本身不具有强烈的文化特性，只是简单的形象化使用，或者这种动物形象在英汉语言表达中并无文化差异时，就可以采用对等直译法。例如：

（1）But in a sieve I'll thither sail, and, like a rat without tail.

可是我要坐在一张筛子里追上他去，像一头没有尾巴的老鼠。

（2）To offer up a weak poor innocent lamb, to appease an angry God.

把一头柔弱无罪的羔羊向一个愤怒的天神献祭。

在上面的例（1）（2）中，出现的动物形象分别是 rat 和 lamb，由于它们和汉语中的“老鼠”和“羔羊”的动物形象并无差异，所以以直白的语言将动物的形象对等直译出来即可。这样既忠实传达了原文，同时也让读者能够理解这种比喻所要表达的含义。

（二）释义

当同一动物形象在英汉语言中的文化含义不同时，译者需要在动物文化词的前后加以释义，这样可达到前后文自然的衔接；或是在不违背文化含义的前提下，根据语境的需要添加合适的修饰词，从而再现原文的感情色彩。例如：

Where got'st thou that goose look?

你从哪得来这么一副呆鹅的蠢相？

本例涉及英汉文化中"鹅"的象征意义，英语中的goose象征着贬义，而中文中的"鹅"不含有贬义，所以译者首先直译了goose，然后在"鹅"的前后添加了"呆"和"蠢"两个形容词作为修饰语，读者就可以容易地理解这个比喻了。

Look like the innocent flower, but be the serpent under it.

让人家瞧你像一朵纯洁的花朵，可是在花瓣下却有一条毒蛇潜伏。

这个例子中出现了"蛇"这个动物形象，译者需要了解它在英汉两种语言中所代表的寓意。英语文化中的"蛇"的含义是《圣经》以及其他的文化所赋予的，通常跟邪恶相关，贬义色彩浓厚。而汉语中的"蛇"形象既有积极，也有消极意义，当然还有客观的中性意义。因此，译者首先直译了serpent，并且在"蛇"前面添加了"毒"这个修饰语，就非常符合上下文的语境。

（三）转换

由于英语和汉语有着不同的表达方式，译者就可以根据上下文语境以及自己的表达习惯，对源语文本中的表达方式做出一种转换。例如：

（1）As sparrows eagles, or the hare the lion.

像麻雀吓苍鹰，草兔吓狮子一般。

(2)Be lion-mettled, proud.

你们要有狮子的胆量和傲气。

在例(1)中,因为前后两句话并非一人所说,省略 as 不仅可以消除突兀的感觉,而且使语气更加坚定,因此译者将原文的明喻转化为暗喻。例(2)也是采用转换法来进行翻译的,但与例(1)不同的是,译者将原文的暗喻辞格转化为明喻辞格,同样达到了强化语气的目的。

综上所述,译者在面对动物文化负载词的翻译问题时,应该避免在二元对立式思想影响下选择翻译策略,既要求真于原文,又要务实于文化传播和市场需求,进而选取客观的翻译方法。

第二节　英汉植物翻译的跨文化传播视角研究

英语和汉语的文化差异赋予了客观世界中的植物以不同的文化内涵,并且使得人们在日常的交际中出现了很多同植物相关的词汇表达。与此同时,对植物文化内涵的掌握和了解也有助于更好地理解英汉文化差异,从而更有利于跨文化交流。下面对植物的文化内涵进行对比,然后对其具体的翻译方法进行研究。

一、英汉植物的文化内涵

许多植物因其自身的生命特质,能够和某些人类优秀品质具有某种"通相"联系,可以引发人的联想,因此,众多植物自古被赋予人类的精神品格,而象征是借助一种文化形式表达另一种意思的表意方式。

(一)英语中独有的植物词语的文化内涵

1.violet 紫罗兰

violet 在英语中有着丰富的文化内涵。

（1）象征着忠诚。莎士比亚的《哈姆莱特》中曾写道，奥菲利娅的父亲效忠于丹麦王，被王子哈姆莱特所杀，死后象征着忠诚的紫罗兰随之枯萎。

（2）象征着贞洁。莎士比亚的《哈姆莱特》中写奥菲利娅未婚溺水身亡，所以用紫罗兰来代表她的贞洁。

（3）象征着谦恭、温柔。这一象征意义是由它的生物特性发展而来的，因为紫罗兰花总在藏在宽厚的叶子下面。英国诗人华兹华斯在 *The Lost Love* 中把一位温柔腼腆的少女比作一株紫罗兰，因为藏在苔藓石旁，所以没人看见。

2.olive 橄榄

《圣经》中记载，上帝为惩罚人类制造了一场洪水，诺亚凭借着一座方舟才免遭于难。洪水的第七天，诺亚放出了鸽子，带回了橄榄枝，标志着洪水消退。因此，鸽子、橄榄枝都象征着和平、友好。

3.palm 棕榈

棕榈象征着胜利，英语中有一些关于棕榈的短语，如 carry off the palm 意为获胜、得奖，yield the palm to somebody 表示臣服于某人。

正是因为棕榈有这种象征意义，因此法国戛纳电影节以金棕榈奖作为最佳影片奖项。

（二）汉语中独有的植物词语的文化内涵

1. 梅花

梅花一般在冬季或初春开花，花开五瓣，颜色呈现出淡红色、白色，散发出浓郁的芬芳。

梅花象征着刚毅。梅花的这一象征意义是由它的生物特性延伸而来的。在环境恶劣、气候寒冷的冬季，梅花必须要经受住风霜雨雪的袭击，才能开出一树一树的梅花，并且梅花枝干苍劲有力。因此，梅花不惧严寒的特点，符合人们刚毅不屈的性格特征。

2. 荷花

荷花又称“莲花”，生长在水中，花开白色或粉红色，根茎是藕，莲蓬中含有莲子，荷叶圆而大，散发出淡淡的清香。

（1）荷花象征着贞洁。因为荷花的根部虽然生长在污泥中，但是仍然开出美丽的花朵，所以汉语中有赞美荷花“出淤泥而不染，濯清涟而不妖”的著名诗句。正是因为这一特性，荷花被视为贞洁的象征。

（2）荷花象征着佛教。因莲花有“出尘离染，清静无暇”的本性，莲花常常出现在寺庙中，作为菩萨的坐台，经幡的绣图。因此，它被看作佛教的象征。

3. 桃花

桃树通常在春天的三四月份开花，花色呈现出白、粉、红等颜色，树态优美。桃花拥有丰富的文化意义。

（1）桃花象征春天。桃花在春天茂盛地开放，为冬天过后的春天大地增添了一抹美艳与生机。因此，桃花的盛开预示着春天的到来。汉语中也用“桃红柳绿”代表着一派生机盎然的景象。

（2）桃花象征美人。桃花一直被用来比喻女子的容颜，汉语中常常用“面若桃花”或“艳若桃李”来形容女子的美貌。美人和桃花相媲美是毫无争议的。这样的比喻，源于《诗经·周南·桃夭》，其中记载“桃之夭夭”“灼灼其华”“其叶蓁蓁”，以桃来比喻即将出嫁的女子，用桃花的美丽来形容她的美貌。还有一些将美丽的女子形容为桃花的诗句，如“人面桃花相映红”“桃花依旧笑春风”等。桃花有着轻薄粉色的花瓣，乍看上去，像极了古代女子敷了胭脂的脸颊。因此，美人的脸颊也被称为“桃腮”“桃靥”。另外，人们把男子得到女人的喜爱，并与之有染的事件称为“桃花运”，并且戏谑地把男女之间的风流韵事形容为“桃色事件”或“桃色新闻”。

4. 竹子

竹子为多年常绿植物，竹竿挺直、多节，用途广泛。嫩芽即竹笋，可以烹饪为有营养、有味道的菜肴。

（1）竹子象征正直。竹子由于挺拔、耸立的生物特性，被看作正直的象征。

（2）竹子象征气节、文雅。竹子因为有竹节，因此常常和“有气节”这一意义联系在一起。郑板桥就曾夸赞竹子“千磨万击还坚劲，任尔东西南北风”。高雅的居士总是喜欢将竹子摆放在室内，因此竹子也是一种文雅的象征。

（3）竹子象征谦虚。竹子由于竹节内空的特性，常常引起“谦虚”的联想意义。所以，俗语中有“虚心竹有低头叶，傲骨梅无仰面花”的佳句。

5. 梧桐

（1）梧桐象征吉祥。中国有句俗语：“家有梧桐树，引来金凤凰。”梧桐总是与凤凰联系在一起，有一种吉祥的寓意。

（2）梧桐象征悲愁。《孔雀东南飞》中“东西植松柏，左右种梧桐。枝枝相覆盖，叶叶相交通”描述了刘兰芝与焦仲卿合葬处的场景，梧桐、松柏营造了一种凄凉、萧瑟的氛围。《声声慢》中用“梧桐更兼细雨，到黄昏，点点滴滴。这次第，怎一个愁字了得”营造了一种悲凉、愁苦的场景。

（三）英汉语言中文化意义不同的植物词语

1.chrysanthemum 和菊花

（1）英语文化中的 chrysanthemum。

chrysanthemum 仅仅象征着孤独。例如，英国诗人哈代这样写道：

Too late its beauty, lonely thing,
The season's shine is spent,

Nothing remains for it but shivering

In tempests turbulent.

它的美来得太迟，孤苦伶仃

季节的光辉已散尽

什么也没留下

只有在狂风暴雨中飘摆

（2）汉语文化中的菊花。

菊花秋季开花，品种繁多，可供欣赏。

第一，菊花象征着坚强。菊花开花的时节，天气已经变得寒冷起来，但是菊花仍然在凛冽的寒风中肆意开放，为秋天增添最后一抹生机。所以，人们用菊花这种傲霜斗雪的品性形容人的坚强意志。

第二，菊花象征着高洁、脱俗。屈原在《楚辞》中写道："朝饮木兰之坠露兮，夕餐秋菊之落英。"由于屈原自身高尚的品质，因此他钟爱的菊花也就寓意着高洁、脱俗。

第三，菊花象征着淡泊。菊花清香淡雅，不以姿容取悦于人。晋代诗人陶渊明曾写下"采菊东篱下，悠然见南山"的佳句，由于他隐逸山林，独爱菊花，因此菊花被视为淡泊、隐逸的象征。

2.narcissus 与水仙

（1）英语文化中的 narcissus。

narcissus 是自恋的一种象征。该意义来自希腊神话故事，那喀索斯无法倾心于任何女子，直到看到了自己在湖中的影子而疯狂地爱上了自己，最后忧伤而死。

（2）汉语文化中的水仙。

水仙是一种水生花，盛开在冬季。它象征着吉祥。中国南方，尤其是闽南一带，在春节期间都会在桌子上摆上水仙。冬天万物凋零，水仙却盈盈开在水中，嫩黄的花蕊、白色的花瓣、鲜绿的叶子成为冬日里的一处亮丽的光景。因此，古人倾慕水仙优雅的风姿，将它视为优雅、美丽的象征。

3.apple 与苹果

（1）英语文化中的 apple。

英语中 apple 有“智慧”“纷争”“诱惑”这些文化意义。

第一，苹果象征着智慧。苹果的这一象征意义还与万有引力的发现有关，英国科学家牛顿在树下休息，因为被一个苹果砸到头上，才发现了万有引力的存在。

第二，苹果象征着纷争。这一层意义主要源于希腊神话，不和女神厄里斯的金苹果，引发了天后赫拉、智慧女神雅典娜、爱与美女神阿佛洛狄忒的竞争，裁判特洛伊王子——帕里斯为了得到希腊最美艳的女人——海伦，把金苹果判给了阿佛洛狄忒，因此也引发了特洛伊战争。

第三，苹果象征着诱惑。根据《圣经》记载，伊甸园中亚当、夏娃因为偷吃了智慧果而被赶出伊甸园。西方人认为智慧果是苹果，苹果也因此就有了诱惑的象征。

另外，乔布斯发明的苹果手机的商标是被咬掉一口的苹果，代表不可抵抗的诱惑。

（2）汉语文化中的苹果。

汉语文化中的苹果非常普通，没有英语中那样丰富的文化内涵。在汉语中，苹果中“苹”与“平”谐音，所以苹果被赋予了平安的含义。

（四）英汉语言中文化意义部分相同的植物词语

1.rose 和玫瑰

玫瑰有着艳丽的颜色，浓郁的香气，枝干有刺，可以做香料。

（1）英语文化中的 rose。

第一，玫瑰象征着爱情。这一种象征意义也是源自希腊神话，与阿佛洛狄特相爱的阿多尼斯在射杀一头野猪时，被野猪的獠牙刺死，伤心的阿佛洛狄特在奔向恋人时，被一枝白玫瑰刺伤了脚，她流出的鲜血使白玫瑰变成了鲜红欲滴的红玫瑰。因此，红玫瑰成为爱情的象征。

第二,玫瑰象征美人。玫瑰因其娇艳的颜色而被比喻为红润的双颊。

第三,玫瑰象征着秘密。在罗马神话中,丘比特为了守住自己的身世之谜,送给了沉默之神哈得斯一朵玫瑰,暗示他要保守秘密。因此,英语中至今仍然沿用着 under the rose 这一短语,表示保守秘密。另外,在西方外交官会议室的天花板常常镂刻玫瑰的样式,暗示众人保守在室内所讨论的信息。

(2)汉语文化中的玫瑰。

第一,和英语文化中一样,汉语文化中的玫瑰也象征着爱情。在中国最初表达爱意的花是芍药,后来由于西方文化的引入,在中国玫瑰才真正成为爱情的象征。《诗经 · 郑风 · 溱洧》记载,青年男女在上巳节都会参加在溱洧水边举行的聚会,并且互相赠送芍药以表爱意。现在中国人在过西方的情人节时,男人总是送一束玫瑰给心爱的女人,表达爱情。

第二,玫瑰象征着美丽而冷傲的女子。由于玫瑰带刺,中国人常常用带刺的玫瑰形容美丽却不易亲近的女人。例如,《红楼梦》中兴儿向尤二姐介绍探春时,称她为"玫瑰花",美中带刺。

2.willow 和柳树

柳树有着柔美的姿态,弯弯地垂下来,柳叶细长,呈黄绿色。

(1)英语文化中的 willow。

第一,柳树象征着悲伤。罗马神话记载,特洛伊王子爱涅阿斯与迦太基的狄多女王相爱,后来因为接到了建造新的罗马城的任务,而被迫离开妻子,狄多女王经常手持柳枝哀伤地等待着丈夫的归来。

第二,柳树代表着死亡。《哈姆莱特》中"here is a willow grows aslant a brook, that shows his hoar leaves in the glassy stream"描写了奥菲利娅死亡前的场景,水边的柳树象征着奥菲利娅走向死亡的命运。

至今,英国墓地里还有种植垂柳的风俗,象征着死亡与哀悼。

(2)汉语文化中的柳树。

第一,柳树象征着春天。柳树好养,因此随处可见,为人们带来春的气息。古人以折柳相送,一方面是希望离人像柳树一样顽强,另一方面表达了"春意常在"的祝福。

第二,柳树象征着离愁别绪。柳树最早出现在《诗经·小雅·采薇》中,"昔我往矣,杨柳依依。今我来思,雨雪霏霏。"戍守边关的将士通过回想曾经离开家乡时柳树的婀娜多姿,表达了离家的愁苦情绪。

第三,柳树象征着挽留。中国古代有折柳送别的习俗,由于柳与"留"谐音,表达了人们对离人的依依不舍和挽留之意。

二、英汉植物词汇的翻译

(一)直译

当某种植物词汇在英汉两种语言中的文化内涵相同或相似时,即可采取保留形象直译的翻译方法,这样不仅能够保留源语的文化特征,而且能丰富译文的语言。例如:

laurel wreath 桂冠

Oak may bend but will not break.

橡树会弯不会断。

(二)直译加注释

对不了解西方文化的读者而言,直译也经常使他们困惑。此时,可以在保留原文的植物形象的基础上,再阐释其文化意义。例如:

As like as two peas in pot.

锅里的两粒豆。(一模一样)

A rolling stone gathers no moss.

滚石不生苔。(改行不聚财)

(三)转换形象套译

英汉字面意义相同的植物词汇,其联想含义可能不一致;而字面意义不同的植物词汇,其联想含义可能一致。译者在翻译植物词汇时,可以根据文化差异调整植物词汇在译语中的表达方式。例如:

Oaks may fall when reeds stand the storm.

疾风知劲草。

Come out smelling of roses.

出淤泥而不染。

New buildings spring up like mushrooms.

新建筑如雨后春笋一般涌现出来。

(四)舍弃形象意译

当直译某种植物词汇被译语读者费解,并且不容易添加注释且转换形象套译又难以操作时,可以舍弃源语中的植物形象进行意译,只译出原文的联想意义。例如:

Every bean has its black.

凡人各有短处。

Harass the cherries.

骚扰新兵。

He is practically off his onion about her.

他对她简直是神魂颠倒。

第三节　英汉人名翻译的跨文化传播视角研究

从功能角度而言,人名是一种称呼,是一个人与其他人加以区别的社会称谓符号。就社会层面来说,人名有着丰厚的文化色彩。对于一些约定俗成的人名如 John,人们很容易找到中文译法为“约翰”,因为这些已经约定俗成。但是,在现实生活中,很多人名是不常见的,译法也是多种多样的。也就是说,不同的国家、不同的文化,其人名特征也不同,对其进行研究是一件非常有趣的事情。基于此,本节围绕英汉人名跨文化翻译进行研究。

一、英汉人名的文化内涵

在不同的自然环境下,不同的人类群体会形成不同的生活习惯、生存方式,进而形成不同的价值观、人生观。这样的思想观念会在不同的领域得以显现,从大的层面可以追溯到道德观念、社会制度,从小的方面可以涉及人的言谈举止。人名也是如此,对中西人名文化进行对比分析,有助于将中西方的价值取向、审美观念揭示出来,为跨文化传播提供有利信息。

人名在日常生活中是非常常见的,人们对人名的存在不以为意,仅仅将其视作一种代号。事实上,如果对人名的含义进行详细品味,不难发现其隐含的地域色彩与文化情趣。一个小小的名字,可以将一个人的思想境界、精神追求、审美观念等揭示出来;汇集一个群体、一个地域的人名可以将这一群体、这一地域的审美观、道德观揭示出来。

(一)英汉人名的命名

人的名字,尤其是不同文化背景下的人的名字,展现的是该文化的艺术形式与文化结晶。它们不仅对音韵效果予以看重,对内涵与文体风格也非常讲究。我国的人名除了与姓氏有着和谐统一的搭配关系,读起来朗朗上口外,还有着十分讲究的含义,有的是为了对道德观念予以弘扬,有的是为了将个人的情怀抒发出来,有的是为了表达一种为人处世的姿态,有的是为了表达一种愿望等。例如,“广仁”“雅静”“鹏程”等。这些名词不仅具有明确的含义,而且显得高雅、有格调,因此给人一种美感。

相比之下,西方人名对于拼写方法、读法等非常看重,对于内涵并不十分注重。就发音层面来说,西方男士的名字一般给人一种利落之感。例如:

Adam 亚当

Tom 汤姆

John 约翰

George 乔治

西方女性的名字一般清脆、爽朗或者缠绵、轻柔。例如:

Diana 戴安娜

Alice 爱丽丝

Helen 海伦

就内容层面上来说,很多名字也有着明确的含义。例如:

Elysia 伊丽西亚,意思是 very delicate, sweet,给人一种性情开朗、袅娜娇媚之感。

Alexander 亚历山大,意思是 conqueror,是征服世界的英雄,是人类的保护者。

当然,在实际的生活中如此,在文学作品中人名具有更深层的寓意,其一般都是为了塑造人物服务的,往往代表的是一个人的性格、品行等。例如,我国电影《霓虹灯下的哨兵》中“曼丽”“阿香”“林园园”都代表的是他们的身份、性格、地位等,听到他们的名字就可以想象到他们的人。英国名著《名利场》中的 Rebecca 是一个出身卑微、常常受人欺负的人,却非常有姿色和智慧,善用心机,也非常大胆。

中国人名主要表达的是道德观念、精神境界等抽象事物,而西方人名更为广泛，除了表达抽象理念外，还表达存在的事实、具体的实体等。从含义上说，对中西人名文化的对比可以从如下五个层面来分析。

1. 根据道德情操命名

道德是维系人际关系、维持社会安定的准则，道德和情操有助于衡量人的价值。道德高尚、胸怀宽广、作风磊落、为人正直是中国人长久以来追求的一种思想人格。中国文化强调"文以载道""里仁为美"。因此，在人名的命名上，往往会表达这一含义，如"宗信""卫国""恩宇"等。

虽然，在道德观层面，西方人与中国人存在一些差异，但是他们对于道德、仁慈、善良同样是推崇的，因此强调正直、守信、扶危济困等。因此，很多名字也是基于这一理念而命名的。例如：

Justin 贾斯廷，意思是为人正直、公道

Hector 赫克托，意思是用巨大的力量将敌人阻挡在国门之外

Bailey 贝利，意思是待人诚信、忠厚

Constance 康斯坦慈，意思是忠实、坚定、不屈

Catherine 凯瑟琳，意思是纯洁、心灵美好

Alice 爱丽丝，意思是忠诚、可信，不欺骗他人

Ulysses 尤利西斯，意思是鄙视任何卑鄙、欺诈他人的行为

Charity 查莉蒂，意思是资助他人、慈悲为怀

Consuela 坎苏拉，意思是忠实可靠的朋友

Emma 艾玛，意思是帮助他人

一般情况下，任何群体的道德观都是崇尚善良的，这是人类的普遍追求，但是从具体的内容而言，中西的道德观也存在明显的差别。

中国传统道德观源于孔孟与程朱理学，核心在于追求"三纲五常"，精髓就是"忠义理智信"，强调为国家舍生取义的价值。西方人的道德观念源于《圣经》，即道德标准为忠诚、仁爱、信义、公正、谨慎、坚毅、节欲。西方人的价值取向在于忠诚于上帝，并保

家卫国,崇尚英雄主义。很多名字也都是从《圣经》中来的,如前面说的 Hector, Alexander 等。

2. 根据性格、情怀命名

在茫茫的人海中,人的性格、情怀是不同的,是千差万别的。概括来说,有的人比较随和,有的人性格坚定,有的人比较开朗,有的人比较深沉,有的人比较奔放,有的人则安分守己等。很多中国人在性格上都体现了这一点,因此起名字的时候也非常讲究这样的内涵。例如,“精武”“致远”“渊明”“少雄”等。

基于这一点的西方人名也有很多,但是内容上与中国人的并不相同,西方人讲究个性,追求标新立异,因此他们不愿意约束自己。就文字层面来说,西方人不讲究幽深的意境,往往采取的是生动、直接的表达方式。例如:

Fernanda 费尔南多,意思是喜爱冒险、胆子大的人

Deirdre 迪尔德丽,意思是饱受悲伤、痛苦,四处流浪

Lupe 鲁普,意思是对他人奴役,像狼一样的性格

Chad 查德,意思是好斗、容易惹事的人

Hodwig 海德威格,意思是面对斗争,不获得最终胜利不会终止

Fielding 菲尔丁,意思是将大自然视为生命的人,代表的是爱的乐园

Tracy 德雷茜,意思是有勇气的人

Martina 玛尔蒂娜,意思是对武术精神非常崇尚的人

Philomena 菲洛梅娜,意思是喜欢月光的人

上述例子表明,中西方人的性格倾向存在着明显的差异。中国人强调温婉、勤俭、礼让等,对于女性崇尚优雅、贤淑、温柔。我国受封建礼教的影响,往往要求女性“三从四德”,因此女性往往追求温顺,虽然当前已经与古代传统大有不同,但是这种烙印很难消失,因此在性格取向上仍旧是“尚同、尚贤”。但是,西方女性往往比较大胆、泼辣,喜欢冒险与斗争。这是由中西方不同的文化传统与历史背景导致的。在欧洲历史上,虽然也有着明显的男

尊女卑,但是文艺复兴之后,个性解放与自由平等开始占据西方社会主要层面,强调自立与大胆,使她们不再成为家庭主妇与男人附庸,因此也不必努力充当小绵羊的角色,对丈夫进行取悦,她们应该像男人一样,追求自己的事业与成功,实现自我价值。另外,在西方社会中,女性是半神圣之躯,拥有着浓厚的爱情思想。这无疑提升了女性的地位,使女性备受尊崇,因此在性格取向上是“尚异、尚真”。

3. 根据身份、职业、生长环境命名

中国文化的“内视”性非常强烈,审美观点上往往也超脱外物,注重精气神,在人名的命名上,中国人往往主要是抒发志向,他们不以具体的职业、身份等来命名。

但是,西方个人的文化取向倾向于实用、客观,因此往往以具体职业、身份作为依据,命名上也是如此。例如:

Brook 布鲁克,意思是出生于湖泊、小溪的人

Asbhby 阿诗贝,意思是住在生长有白蜡树的农庄上的人

Carl 卡特,意思是马车夫或者打造马车的人

Milton 弥尔顿,意思是住在镇上的磨坊里面的人

Churchill 丘吉尔,意思是住在山上教堂旁边的人

Baxter 巴克斯特,意思是烤面包的人

Fabian 费宾,意思是从事农业劳动的人

Cooper 古伯,意思是制造木桶的人

Mason 梅森,意思是具有高超技术的石头工人

在中国,一种熟悉的现象是住在同一个村落的人,往往以各家居住的环境作为指称的对象。例如,一位老奶奶指使她的小孙子到老槐树下的婆婆家借东西或到胡同口的大姨家借东西,这些都是根据家族定居的地点来命名的。虽然中国人现在并不以此为例句,但是这在西方很流行。这是因为,他们对自然非常崇拜,认为一草一木都是上帝创造的,是有灵性的,因此值得崇敬与热爱。这类名字虽然没有恢宏的气魄,也没有华丽的色彩,但是具

有很浓重的生活气息,因此给人以朴实的感觉。

我国人名往往追求广博的气势,即使名字取自于自然,但是也需要用伟岸的事物来进行表现,如“雪峰”“沧海”“松涛”等。这些人名虽然也是由自然命名,但是主要是为了抒发情怀、表明志向,给人以崇高的感觉。

另外,在中世纪,很多名字以职业为含义,这是因为当时的英国主要是手工业与自由农业,虽然无权无势,但是能够自由耕作与织造,经济的富足让他们的地位逐步提高,也增强了自尊自爱的意识。但是,在中国,受封建制度的影响,导致对劳动人民与平凡职业往往持有一种蔑视的姿态,认为衣锦还乡才是有出息,因此中国人往往以封地、封号作为姓氏,如“杜少府”“白司马”等,可见传统观念深入人心。

4. 根据相貌、气质命名

中国人以某种气质、风度为内涵进行命名的有很多,如“子昂”“炯明”“之涣”等,但是并不以具体的相貌来进行命名。西方人则不同,以相貌作为内涵的名字有很多。例如:

Anne 安妮,意思是娇美的人

Cameron 卡梅伦,意思是有个性的人,鼻子如鹰钩的人

Algernon 阿尔杰农,意思是有着大胡子的人

Cherry 彻里,意思是皮肤粉白的人,嘴唇鲜红的人

Blanche 布兰奇,意思是面容白皙、头发浅淡的人

Lloyd 劳埃德,意思是具有政治家风度与气质的人

Claudia 克劳地亚,意思是头脑聪慧的人

Moore 摩尔,意思是相貌动人、皮肤较黑的人

Mandel 曼德尔,意思是有着杏仁眼的人

客观上说,西方人的毛发、皮肤等的颜色是非常凸显的,用这些特征对人进行命名非常容易。相比之下,中国人的毛发、皮肤基本相同,面部是较为平缓的,不凸显五官特征,因此这样命名的话容易混乱。主观上说,中西民族在对待相貌的心态上也存在明

显的差异。西方人主张个性化,因此对于相貌不存在褒贬,越有个性,越显得与众不同。相比之下,中国人看待相貌是持有中庸的姿态,对长相大众化是非常推崇的,与众不同会引起人的注目与非议,有时候会显得非常难看。在中国文化传统中,对别人的长相进行品头论足如同揭人短处一样,显得不道德,会令人非常的尴尬,因此中国人绝对不会用相貌特征作为名字的命名方式。

其实,相貌仅仅是一个自然现象,相貌特征与人的品行有一定的关系,如《水浒传》中有些人物就是根据个人的相貌起的绰号,这样使得人的个性更加鲜明,给人以生动之感。

5. 借物喻人命名

在自然界中,一些事物是有长处和特点的,是值得人们赞颂与崇拜的,因此人们往往会借助这类事物对某种性质、形体、品格等进行表达。但是,由于人们与自然中事物相处的方式与手段不同,给人的感受也必然不同,导致对其进行的评价也存在差异。例如,中国人认为老虎是非常威猛的,有着王者风范;认为豹子胆子很大;龙表达的是一种神圣威严;雄鹰代表的是志向远大;仙鹤表达的是一种清高。很多名字也都是由此取名的,如“鹏飞”“赵虎”“张龙”等。

但是,西方人对于动植物的感受与中国人并不相同,他们认为龙非常凶残,认为老虎并不惹人害怕,因此很多名字是根据它们的寓意来命名的。例如:

Daphne 达芙妮,意思是像月桂树那样高贵的人

Arno 阿诺,意思是融合狼的勇猛与鹰的眼力为一体的人

Adolph 阿道夫,意思是像狼一样勇猛的人

Hazel 海兹尔,意思是拥有权力的人

Faline 费林,意思是像猫一样的人

Everard 埃弗拉德,意思是像野猪一样凶猛的人

Palmer 帕尔默,意思是从圣地带来棕榈树枝的人

Lillian 莉莲,意思是像百合一样美丽的人

Leontine 莱昂泰恩，意思是像母狮子一样拥有力量的人

Todd 拖德，意思是像狐狸一样狡猾的人

Ophelia 奥弗莉亚，意思是像巨蛇一样拥有智慧的人

Vanessa 瓦尼萨，意思是像蝴蝶一样获得新生的人

显然，西方人对动物的赏识度要明显高于中国人对动物的态度。只要这一动物存在一丁点可取，那么他们就会拿来肯定，并作为人名来体现。例如，野猪在中国人眼中是凶悍的、没有光亮皮毛的动物，即便它显示出壮美之感，中国人也不会拿着它来自喻。

在以物喻人层面，西方人对于外在特征非常看重，我国则看重人的内涵。因此，在命名上，中国人往往采用江河湖海、崇山峻岭等，用来表达人的胸怀，比喻人的气势。用“崇高”“博大”形容人的情操，提升人的品位，这在西方是很少见的。另外，中国人往往用花草树木形容人的品质性格，如松柏象征不畏严寒，荷花象征冰清玉洁等，这些都是根据习性等来代表他们的气质。因此，上述事物为喻体的人名也有很多，如“五岳”“宗岱”“友梅”等。

西方也有一些值得推崇的花草树木，它们被赋予了具体的意义，如橄榄树象征和平，月桂树象征获得胜利，棕榈树象征风姿等。

（二）英汉人名的使用

通过上述人名构成可以看出中西方在人名命名上存在明显的差异。同时，在日常交际中，英汉人名在使用时也有着明显的不同，其是不同文化差异的反映，下面具体从两点来论述。

1. 在称谓使用上折射出的文化差异

中国文化强调共性特征，即集体利益高于个人利益。对于中国来说，为了使集体更为团结，更加和睦，那么必然存在权力高低。在这样的文化中，人们看重的并不是他们是谁，而是他们的身份与职务。简单来说，中国文化中对于等级、辈分等是非常看重的，在言谈举止中也非常注重礼貌，如称呼别人往往为“王教

授”“李阿姨”“张博士”等。

西方文化强调个性,即个人利益高于集体利益,不管人们的职位多高,个人有多大的贡献,他们都认为应该平等对待,彼此之间说话也是轻松随意的,因此在非正式的场合或者初次见面,他们往往直呼其名。

显然,中西方文化在人名称谓的使用上存在明显的差异。在中国文化中,人们在介绍他人或者自我介绍时,往往会将职务、公司名字包含进去。但在西方文化中,往往在介绍他人或自己时,这样介绍:先说 name,然后是 position,最后是 the name of company,中国文化中则是公司名字、职务、他人或个人名字。例如:

Hello, I'm Sun Zhili, the business agent of Beijing Branch of Daxian Communication Company.

您好,我是大显通信北京分公司的业务代表,我叫孙志立。

显然,中西文化中在人名顺序介绍时明显不同,这也反映出两种文化价值观不同,即中国重视集体,西方注重个体。

2. 在书信地址的位置上折射出的文化差异

中西方人名文化的差异除了上一点外,还体现在书信地址中的位置。一般来说,英语人名在书信地址的位置往往是个人最前。例如:

Professor Green

Department of Information Engineering

Denver Institute of Technology

Denver Colorado U.S.A.

但是,中国人名在书信地址的位置上更凸显集体的地位,因此将最高的集体置于最前,如“中国北京市北京大学信息工程学院信息二班孙明义同学”。

二、英汉人名的翻译

无论是在英语中,还是在汉语中,人名是历史发展的产物,是日常生活与交往的媒介与向导,具有丰富的文化内涵,这在前面的对比中已经明显体现出来。但是,正是由于人名文化差异的存在,导致在翻译时会遇到多个困难。需要强调的是,特定文化中的人名命名与社会经济文化关系密切,通过翻译人名,人们可以了解不同社会经济文化的差异性,懂得对方人名的内涵与文化色彩。

对于英汉人名的翻译,一般要遵循如下几点原则与方法。下面具体来分析和论述。

(一)"名从主人"译

随着全球一体化进程的推进,很多异国婚姻以及移民的增多,导致姓名的语源逐渐被隐藏,很多人逐渐获得了所在国家的国籍,感情上也形成了对该国的认同感。这就导致很多后代的名字很难寻根溯源,也引起了一个常见的问题,即除了一些名人外,译者要想翻译准确,就需要对每一个名字的主人的身世进行研究,但是这显然不现实。

另外,中西人名在构成、来源等层面存在差异,这就要求翻译时一定将该民族的人名特征反映出来。就翻译来说,汉语属于表意文字,英语属于表音文字,因此人名的翻译不适合采用转写的方法,因而大多采用音译法。所谓音译法,就是尽可能用目的语语音对源语的语音进行模仿。在对人名进行音译的时候,译者需要"名从主人",即翻译时需要遵循源语的发音与读音规则。当然,姓名的顺序也需要符合目的语国家的规范,中国人往往是姓前名后,西方人则相反。

根据《关于改用汉语拼音方案作为我国人名地名罗马字母拼写法的统一规范的报告》,对于英语人名的翻译,译者必须对各国主权予以尊重,采用各国的标准罗马拼写来进行翻译,一律采用音译的方法,而不能使用意译。例如:

Snow:这一人名不能翻译为"雪",而应该翻译为"斯诺"。

Talleyrand:这一人名不能翻译为"泰里兰",而应该根据法语规则,翻译为"塔列朗"。

在姓名顺序上,也应该考虑中西方不同的习惯。例如:

雷锋 Lei Feng

Albert Einstein 阿尔伯特·爱因斯坦

另外,虽然中西方人名的含义丰富,但是人名作为符号,其含义逐渐丧失,因此在翻译时只需要展现表层形式,不需要对某些特殊含义进行刻意表达。例如:

贾化 Jia Hua,不需要翻译为 Lie

王解放 Wang Jiefang,不需要翻译为 Liberation

霍启 Huo Qi,不需要翻译为 Disaster

时飞 Shi Fei,不需要翻译为 Trouble

Sharp 夏泼,不需要翻译为“尖刻”

这一原则被当前的译者所接受,并成为翻译中的一项重要方法。但是,这一方法的运用也存在一些问题,还有待进一步研究。

(二)归化与异化结合译

对于采用归化还是异化翻译人名,译者往往比较迷茫,实际上这两者是不同的策略,并没有优劣,译者需要具体问题具体分析。在改革开放之前,中国人名的翻译往往是采用归化法。例如,将武打明星成龙翻译为 Jackie Chen。

但是,随着研究的深入,这种归化法受到人们的质疑,很多人认为这种方法不可取,让人们判断不出人名文化的源头。因此,异化方法诞生。例如:

刘翔 Liu Xiang,而不是 Xiang Liu

姚明 Yao Ming,而不是 Ming Yao

尤其在翻译文学作品时,归化法往往会将中西人名中的文化差异抹杀掉,失去人名中所承载的源语文化信息,造成中西人名文化氛围不协调。例如:

Tolstoy 托尔斯泰,不需要翻译为“陶师道”

Gogol 果戈理,不需要翻译为“郭哥儿”

（三）"约定俗成"译

事物的名称往往根据人们的意向来决定，并被人们逐渐遵守。后来，人们经过长期的实践，最后对事物的名称、形式等进行确定，逐渐"约定俗成"。历史上很多名人的人名翻译一般适用这一原则。这是因为，随着历史的发展，这些译名被逐渐沿袭运用并保留下来。例如：

Pearl Buck 赛珍珠

Bernard Shaw 萧伯纳

对于这些具有一定影响力和历史背景的人物的翻译，基本采用了固定的译法，这就是约定俗成用法的体现。

另外，人名的翻译应该根据国家颁布的各种语言译名表，运用统一的译音用字，避免译名出现混乱。例如：

George Bush 乔治·布什

Norman Bethune 诺尔曼·白求恩

John Keats 约翰·济慈

Percy Bysshe Shelley 珀西·比希·雪莱

Holmes 福尔摩斯

Kissinger 基辛格

Pushkin 普希金

当前，这些约定俗成的翻译已经被各个译者接受与运用，对于新出现的人名，译者在翻译时也应该考虑国家的通用标准与人名规范。

（四）同名同译

受历史、社会等的影响，同名不同译现象非常多。例如，对于《红与黑》的作者 Stendhal，《辞海》中将其翻译为"司汤达"；《中国大百科全书》将其翻译为"斯丹达尔"；《外国历史名人辞典》中将其翻译为"斯汤达"。对于这些译名，读者很难做出判断，因此译者在翻译时尽量同名同译。例如：

Smith 史密斯

Robert 罗伯特

（五）简略易读易记译

当名字超过四个字时，读起来很容易不顺口，因此在人名翻译时，有时候需要省略其中的辅音，使名字更容易读和记。例如：

Macdonald 麦当娜，不应该译为“麦克多纳尔德”

Shakespeare 莎士比亚，不应该译为“莎克士比亚”

（六）避免产生不好联想译

在音译过程中，往往需要根据译音表进行翻译，避免歧义与误解。例如：

Jeep 吉普，不应该译为“基普”

Hook 胡克，不应该译为“虎渴”

同时，在对人名进行翻译时，不应该带有明显的褒贬色彩。例如：

Bumble 本伯，不应该译为“笨伯”

Arab 阿拉伯，不应该译为“阿剌伯”

第四节　英汉地名翻译的跨文化传播视角研究

对于地名的翻译，学术界进行了颇多论述，但是进行系统的研究并提出具体的翻译方法的并不多见。不得不说，在跨文化传播中，中西方地名文化有着独特的内涵，对跨文化交流有着重要的影响。因此，本节围绕英汉地名跨文化翻译进行研究。

一、英汉地名的文化内涵

在命名的初期,地名主要是为了对地理实体进行指称,是人类对他们生活、居住的自然与社会环境符号的认识,同时地名也是社会交往的媒介。随着社会的发展,人类生活的区域也在不断壮大,因此地名文化的内涵越来越丰富,其不仅反映出地理环境的特征,还反映出人文景观的特征,甚至映射着不同民族的文化传统与社会心理,代表着传统的价值观念与伦理精神。下面就来对中西地名文化进行对比,以挖掘地名文化在英汉文化中的深刻内涵。

(一)英汉地名的命名

地名是一个博大精神的文化系统,其融合了经济、地理、民俗等各个领域丰富的内涵。下面首先对地名命名进行对比,并分析具体的文化意蕴,从而证明地名是不同民族历史与文化的浓缩。

1. 根据姓氏、人名命名

中国的姓氏有着5000多年的历史,而根据姓氏来命名地名的情况也出现得很早,尤其是一些传统村落与城市,如“赵家沟”“金家堡”等。但是,以人名来命名地名的在中国并不多见,中国古人出于对尊长、君主等的尊重,往往避讳使用他们的名字,即便是之前已经存在了,为了避免与当时的君王冲突,也会进行更改。例如,河南洛阳的宁民坊,因与李世民的名字冲突,因此为了避讳,更改为“宁人坊”;隋朝时期,杨广被立为太子之后,全国为了避免与其名字冲突,将与“广”相关的地名进行更改。到了辛亥革命之后,受西方的影响,中国以人名为地名命名的逐渐增多,如“中山县”“高尔基路”等。

相比之下,西方以姓氏、人名命名地名的有很多,并且都是本国的军事家、科学家、政治家的姓氏或名字。人们使用这些作为地名,主要是为了对他们进行纪念。例如:

Augusta 奥古斯塔

Madison 麦迪逊

Clinton 克林顿

Washington 华盛顿

Lincoln 林肯

Kennedy 肯尼迪

有的以富翁或者名人的姓氏或者名字来命名地名，用军事家或者科学家的名字命名。例如：

Bicknell 比克纳尔市，源于富翁 Thomas W. Bicknell 的姓氏。

Brantford 布兰特福德，源于美国独立战争时期的印第安人领袖 Joseph Brant。

2. 根据美好愿望命名

人们都向往美好的生活，中西方在命名地名的同时，也会倾向于选择美好的寓意，给人以吉祥、文雅之感。

在这一点上，中国人往往会选择最简单的方式，即采用“康”“吉”“安”“顺”等。例如：

寿宁县

福安市

兴隆县

忠孝村

太平区

辽宁抚顺

北京怀柔

从这些地名中可以看出，中国人更追求安定、和平，这与中国传统的农耕文化有着密不可分的关系。中国人讲究忠、孝、仁、义、礼、智、信，这是一种泛伦理性，具有明显的道德色彩。

同样，在西方各国，很多地名也代表着美好的愿望。例如：

Concord 和平

Providence 远见

Hope 希望

Harmony 大同

Hopewell 憧憬

Liberty 自由

Union 团结

Independence 独立

这些反映了人们对美好国度的愿景,也反映了人们为了早期的民族独立而奋斗的精神。

通过对比可以看出,中国的愿景更倾向于生活化,而西方的愿景更倾向于理想化。

3. 借用他国名字命名

中国古代社会相对封闭,虽然整体上是这样,但是也没有断绝与外界的交往。因此,很多地名是外来的。尤其是鸦片战争之后,这些外来地名在中国的出现更为繁多。例如:

德县路,以德国人名或地名命名

威廉路,以德皇威廉命名

当然,由于旧上海有很多外国租界,因此很多地名都是舶来地名。例如:

威妥玛路,源于英国人,汉字拼写法的设计者

霞飞路,源于法国东路军总司令的名字

哈同路,源于英国籍犹太人

林肯路,源于美国前总统

孟买路,源于印度城市

东京路,源于日本城市

在西方国家,很多名字也都是外来的,尤其在美国较多。这是因为,美国是一个移民国家,很多移民在当地留下了自己所在国家的地名。例如:

Montana 蒙大拿,源于拉丁词

Detroit 底特律,源于法语

Charlevoix 查克福克斯,源于法语

Fond du Lac 方杜莱克,源于法语

Eau Claire 奥克莱尔,源于法语

Canton 广州,源于汉语

China 中国,源于汉语

Ohio 俄亥俄,源于印第安语

Missouri 密苏里,源于印第安语

4. 根据自然景观命名

中西方很多地名源于与居住地有关的动植物、与地形相关的自然特征。这些地名是人们所居住的地理地貌的概括与总结,显示出人们对自然的热爱与崇拜。

(1)源于山水。

在中西方的地名中,以山水作为来源的也较为常见。中国的很多县名都是以山为名的。例如,“象山”“青田”“萧山”等。一些以水为地名的有“青海”“湖南”“黑龙江”等。西方也是如此,很多城镇都源自它们附近的河流。例如:

Vaucluse 沃克吕兹,源于该省同名泉水

Piemonte 皮埃蒙特,源于阿尔卑斯山麓

(2)源于直观状态。

中西方的很多地名还源于直观性很强的状态,其可以对当地的水文、土壤等加以反映。这类地名往往使用的是描色、绘形等方法,从人们对自然的听觉、视觉、嗅觉等感官出发对地名进行命名。中国的这类地名有很多。例如:

叮咚泉

鸣沙山

绿野岙

西方这类的地名也有很多。例如:

Nebraska 奈布拉斯加,源语法语,意思为平川之水

Vermont 佛蒙特,源于法语,意思是绿山

（3）源于动植物、矿物。

动植物名称、矿物名称在中西方的地名命名中也非常广泛。中国地名源于很多稀奇动物的名称或者这些动物的某个器官的名称或借用一些树木的名字。例如：

龟背村

螃蟹坑

芭蕉村

柿树坳

此外，很多中国地名还源自矿产名称。例如：

银坑坳

金田村

当然，西方很多地名也是如此，与动植物、矿石等有着紧密的关系。例如：

Peacock 皮科克，意为孔雀

Wild Horse 怀尔德霍斯，意为野马

Eagle 伊格尔，意为鹰

Turtle Mountain 特特尔山，意为龟山

White Apple 怀特阿普尔，意为白色苹果

Orange 奥兰治，意为橘子

York 约克，因水松树林得名

Marathon 马拉松，因多茴香而得名

Idaho 爱达荷州，因山上有很多宝石与有色金属得名

Almaden 阿尔马登，因汞矿得名

（4）源于地理位置。

中西方很多地名与地理位置有密切关系。中国的很多省市名称往往带有方位词。例如：

河南省

河北省

阜南县

同时，中国地名遵循“水北为阳，山北为阴”的规律，因此地

名据此命名也非常普遍,如"江阴""洛阳"等。

当然,西方国家很多地名也与地理位置相关。例如:

North 诺斯,意为北方

Eastman 伊斯特曼,意为东方人

West Point 西点,意为位于哈德逊河西岸

5. 根据数字命名

中国有些地名是使用与地名相关的数字来代替地名而成的。这些数字有的代表的是该地特色建筑的数量,有的代表的是该地形,有的代表的是具有纪念意义的日期,有的是数字谐音等。例如:

三江口

十字坡

八字墙

三十六湾

在西方地名中,这样的命名方式也十分常见。例如:

Twenty nine pains 特温蒂奈恩帕姆斯,源于二十九棵棕榈树

Thousand pains 绍森帕姆斯,源于一千棵棕榈树

Ten Thousand 万山群岛,源于一万

Six Mile 锡克斯迈尔,源于六英里

6. 根据人体命名

在中国地名中,运用人体来命名的往往采用的是比喻方法,即将地理实体与人体器官作比,如"海口""溪口"等。

西方的国家也有不少类似的情况。例如:

Tongue Point 汤角,源于舌尖

Thumb 萨姆,源于拇指

Hand County 汗德县,源于手掌

Mouth of Wilson 茅斯厄夫威尔逊,源于威尔逊的嘴

Heads 黑兹,源于头

Finger 芬格,源于手指

Sleepy 斯利皮艾,源于困乏的眼睛

Black foot 布莱克富特，源于黑脚
Arm 阿姆，源于手臂

（二）英汉地名的特点

中西地名特点的对比主要体现在写意性与写实性上。

写意和写实两个特点本是绘画中的术语，这里引入中西地名之后，也是因为中西地名在这两个层面存在差异性。所谓写意性，是指对意象的侧重，其与真实有着较小的关联。所谓写实性，是指对事物展开真实的模仿，其与真实有着较大的关联。

在地名上，中西方也存在着明显的写意与写实，即中国人倾向于引用事物表达一种愿望，如龙凤村就是很好的代表。相比之下，西方侧重对事物展开实在的论述，并不会引出其他内涵。

除了写意性与写实性，中西地名的差异还体现在理据性与任意性层面。这两个词本身为语言学术语，这里加以引用，主要说明地名作为一种语言符号，其往往反映的是当地的历史、地理情况，因此这些地名是有理据的。显然，中西地名都有理据的特点，但是这里单列出来主要是说明中西地名在这一层面的侧重点。也就是说，中国地名侧重理据性，西方地名侧重任意性。例如，中国广西、黔南地区的喀斯特地貌景观非常美丽，是一种岩溶景观，但是在命名时，命名的人并没有将其命名为岩溶，而是从景观特色考量，命名为喀斯特地貌，这样显得更为生动，也将其文化内涵展现出来。相比之下，西方的命名就较为随意，如“诺姆角”的由来，就是因为考察人员在石头上写了name，就被认定为这个名字，其实际含义是没有名字，可能因为字迹潦草而误以为是“诺姆”，可见这个名字的由来非常随意了。

二、英汉地名的翻译

对于地名文化的翻译，应该坚持两条原则：一是让外国人看懂，另一个是基于第一条原则，让本地人能明白他人说的地名是

什么。在翻译某些地名时,译者应该具体问题具体分析。

(一)音译

音译是主要的地名翻译方式。中国一些省、市、县等的地名往往使用汉语拼音,即音译。例如:

福建 Fujian

天津 Tianjin

上海 Shanghai

湖北 Hubei

山西 Shanxi

和县 Hexian

萧县 Xiaoxian

需要指出的是,当有些地名写成拼音形式容易混淆时,建议用隔音符号进行分割。例如:

西安 xi'an

兴安 Xing'an

东阿 Dong'e

英语中也是如此。为了保证中西地名翻译的准确性,并且保留源语文化的底蕴,西方很多地名往往采用音译方法。例如:

Berlin 柏林

Toronto 多伦多

Vienna 维也纳

(二)习惯译

我国幅员辽阔,很多地方有着相同的名字。对于这一现象,译者必须严格按照《中国地名词典》标注的读音和书写形式进行翻译,不能随意更改。例如,

黑龙江双城区的单城镇 Dancheng Town

山东省单县的单城 Shancheng Town

在英语中,源于人名、民族名的地名通常采用其习惯译名。例如:

Indiana (State) 印第安纳州

San Luis Canal 圣路易斯运河

White Harbor 怀特港

(三) 意译

通过前面分析可知,有些地名代表的是美好愿景,有些地名表达的是富饶物产,有些地名代表的是浓郁地域特征等。为了体现这些地名固有的文化内涵,有时候可以采用意译法。例如:

长城 Great Wall

牛尾海 Port Shelter

象鼻山 the Elephant Hill

大屿山 Lantau Island

在英语中也是如此,有些地名用音译法很难展现其内涵,因此采用意译法进行翻译,如通用名,修饰专属名的新旧、方向、大小的形容词,含有数字的地名,来自人名的地名等。例如:

Mount Alabama 阿拉巴山

Great Island 格雷特岛

North York Shire 北约克郡(英格兰)

Three Lakes (Wash) 三湖村(华盛顿)

Prince of Wales Island (Alaska) 威尔士王子岛(阿拉斯加)

(四) 显义译

一些地名的某些单词具有实在含义,在对这些地名进行翻译时,往往需要采用显义法,如下面这些例子都包含 New 这个词。

New Zealand,太平洋西南部一个岛国,1942 年,诺漫斯发现了这一岛屿,因地貌与荷兰的 Zealand 岛屿有着类似特征,因此称其为“新的西兰岛”。显然,在这里的 New 是一个实义词,不是一个地理符号，翻译成“新西兰”要比“纽西兰”更为恰当。

New South Wales，澳大利亚东南部沿海的一个州。有人将其翻译为“新南威尔士”，简称新洲，也有人将其翻译为“纽修威”，简称“纽省”。实际上，其是相对于英国South Wales来命名的，这里的New有着真实的含义，不仅仅代表的是一个地名。鉴于此，翻译为前者更为合适。

（五）非义译

在翻译某些专有名词时，对于那些具有实在意义的词，需要采用显义译，但是对于某些不存在实在意义的词，需要使用非义译，以避免不必要的联想。例如，Sydney，若翻译为“雪梨”，违背了最大音似原则，而将其翻译为“悉尼”则更符合，这是因为“雪梨”作为常见水果，具有实在意义，如果将一不具有这一意义的城市名翻译为一个水果名，显然是不妥当的，容易引起误解。

第六章　英汉社交礼仪翻译的跨文化传播视角研究

在信息社会里，世界政治、经济、文化的发展推进了世界一体化进程，而各民族、各国家的历史、文化的多元性与这一全球一体化的发展趋势之间不可避免地会发生矛盾和冲突，这种冲突是在交流、接触中产生的，我们在欣赏这种多元文化的交流、碰撞所带来的前所未有的璀璨光辉的同时，会切身感觉到文化的碰撞所带来的“阵痛”。因此，就有必要深刻认识英汉社交礼仪的差异。本章就从称谓语、委婉语和禁忌语三个方面来论述英汉社交礼仪的差异及翻译。

第一节　英汉称谓语翻译的跨文化传播视角研究

一、英汉称谓文化解析

（一）汉语亲属称谓的对应性和英语亲属称谓的模糊性

每个民族都有自己的亲属称谓系统，这个系统有同有异，其间可以反映出不同民族对亲属关系的认知，而每个民族的传统文化也通过亲属称谓体现出来。中西方亲属称谓差异表现在以下几个方面。

第一，西方文化不太重视宗亲关系，因此倾向于使用自然亲切的称呼；而中国传统文化是一种宗族文化，根据辈分来选择合适的亲属称谓语。

第二,西方文化对宗亲关系的轻视在亲属称谓语方面的另一个体现就是西方亲属称谓语没有严格的划分;中国传统文化对宗亲关系的重视在亲属称谓语方面的另一个体现就是汉语的亲属称谓有着复杂而详细的分类。例如,英语中的 brother 可表示哥哥和弟弟, sister 可表示姐姐和妹妹;而汉语中对同胞兄弟姐妹的称谓,是各不相同的。

第三,汉语中对不同性别的亲属分别给予不同的称谓;英语亲属称谓语无此特点。例如,英语只用 cousin 一个单词就代表堂兄弟、表兄弟、堂姐妹、表姐妹等称谓,而汉语中表哥、表弟、表姐、表妹、堂兄、堂弟等亲属称谓语就将性别进行了区分。

汉语和英语的亲属称谓如表 6-1 所示。

表 6-1　汉语和英语的亲属称谓词语

		汉语	英语
一层亲属	配偶关系	丈夫、妻子	husband/wife
	生育关系	父亲、儿子 母亲、女儿	father/son mother/daughter
	同胞关系	哥哥、弟弟 姐姐、妹妹	brother sister
二层亲属	直系亲属	祖父、外祖父 祖母、外祖母 孙子、外孙 孙女、外孙女	grandfather grandmother grandson granddaughter
	旁系血亲	伯父、叔叔、姑父、舅舅、姨夫 伯母、婶婶、姑姑、舅妈、姨 侄子、外甥 侄女、外甥女	uncle aunt nephew niece
	姻亲亲属	岳父、公公 岳母、婆婆 女婿 儿媳妇 姐夫、妹夫、大伯子、小叔子 嫂子、弟妹、大姑子、大姨子	father-in-law mother-in-law son-in-law daughter-in-law brother-in-law sister-in-law

续表

	汉语	英语
三层亲属	堂兄、堂弟、堂姐、堂妹 表哥、表弟、表姐、表妹	cousin

资料来源：白靖宇，2010

（二）汉语称谓中所体现的亲疏关系

在汉语交际环境中，称谓的选择能够对交际双方的交际方式和交际效果产生很大的影响。称谓不同也能体现出交际双方的亲疏关系和尊卑关系。亲疏关系可以表现为多种类型，可以是亲情、爱情或友情，也可以表现为陌生、厌恶或敌视。

中国人关系越亲密称谓就越随便。而且，对对方的称谓可以按照亲密的程度形成递减的序列，如王丽萍→丽萍→萍。但最简化的“萍”字，不是随便什么人都可以叫的，只有其恋人或家里人才可以这样叫，因为这样的称呼太亲昵了，一般的朋友不能随便叫。称呼年龄相仿的朋友时，可以不要姓，直接叫名字，如“建强”“丽萍”等。中国南方人有一种习惯，即取对方名字中的一个字，再在前边加上“阿”来称呼。比如，对张海波，可以叫“阿波”，这样叫非常简单、响亮、亲热。北方人喜欢取名字中的一个字然后加上个“子”，如把秦建强叫“强子”。外国人都知道，“您”是“你”的尊称。但是，不是对所有的“你”尊敬的人都可以用“您”来称呼，“您”常常用来称呼年纪大、地位高的人。和不熟悉的人第一次见面大多用“您”来称呼，这样显得礼貌客气。但是，如果对方的地位、年龄和你差不多，甚至年龄比你小的时候，用“您”就不合适了。熟人、朋友、亲戚之间也不用“您”。因为用“您”固然客气、礼貌，但是不够亲切，显得生分和疏远，所以比较熟悉的人之间互相称“你”而不称“您”。如果有一天，你突然对一个好朋友用“您”，他会觉得非常奇怪，而且会认为你故意疏远他。

关系越亲密，称谓就越随便。相反，关系越疏远，称呼就越正式。“同志”一词就扮演了这样的称谓角色。“同志”原本指志同道合的人，在中国古代，“同志”与“先生”“长者”“君”等词一样，都是朋友之间的称谓。春秋左丘明《国语·晋语四》中把“同志”一词解释为：“同德则同心，同心则同志。”《后汉书·刘陶传》曰：“所与交友，必也同志。”在中国现代历史上，“同志”一词源自苏联，后成为中国共产党人内部彼此之间的称谓，意思是有共同志向的人。新中国成立后，“同志”也被广泛地用作陌生人之间打招呼用的称谓。在20世纪五六十年代，“同志”这个称谓是中国社会普遍使用的泛称。“同志”一词不标记性别，几乎男人之间、女人之间、男女之间都可以通用，是一种在正式场合比较正式的称谓，但一般不用于具有亲情、友情和爱情的亲密关系中。反之，如果具有亲密关系的两人之间以“同志”相称，那么或者是调侃，或者是称呼者主观上疏远对方。

二、英汉称谓语文化的翻译方法

可以发现英汉称谓用语有着很大的差异，这种差异不仅体现在形式上，而且体现在语义、语用层面。有的称谓用语在特殊的交际场合往往表达着特定的语用含义，施行不同的交际功能。对此，在翻译这些称谓语时，译者首先需要确定这些称谓用语所出现的具体交际环境，进而再把握其语用的功能，最后选择得体、准确的语言表达出来。

（一）亲属称谓的翻译

1. 亲属称谓之“关系称谓”

庞四奶奶——女。四十岁。丑恶，要做皇后。庞太监的四侄媳妇。（《茶馆》人物表）

译文1：Madame Pang—An ugly and repulsive woman of 40, the wife of Eunuch Pang’s fourth nephew. And now aspiring to be the empress of China.

译文2：Fourth Aunt Pang—Forty years old. An ugly woman who

has delusions of be coming Empress. She is the wife of Eunuch Pang's fourth nephew.

原文中的“四侄媳妇”具有鲜明的中国文化特点，表明了长幼顺序和亲族关系，但这在英文亲属称谓中并没有确切对应的称谓。两位译者都采用了解释性的译法，将其译为 the wife of Eunuch Pang's fourth nephew，保留了原文亲属称谓的民族特色。

2. 亲属称谓之“相呼称谓”

王利发：栓子的妈，他岁数大了点，你可得……

译文 1：Well, old girl, he's getting on. You'd better...

译文 2：Wife, he's getting a bit old. You're going to have to...

王利发称妻子王淑芬为“栓子的妈”，译文 1 译为 old girl，译文 2 译为 Wife，都是根据具体语境做出的合适变通。但就台词的口语化而言，译文 1 比译文 2 更为通俗、上口，富有生活情趣，在舞台上也更有表现力。

（二）社交称谓的翻译

1. 社会头衔

王利发：这位大嫂，有话好好说！

康顺子：你是掌柜的？你忘了吗？十几年前，有个娶媳妇的太监？

译文 1：

Wang Lifa: Now, now, madam! Don't get so upset! Calm down!

Kang Shunzi: Are you the manager? Do you remember, almost twenty years ago, there was a eunuch who bought a wife?

译文 2：

Wang Lifa: Elder sister, if you're got some problem let's hear it reasonably.

Kang Shunzi: You're the proprietor? Have you forgotten? More than ten years ago, when a palace eunuch wanted to buy a wife?

译文 1 选择的 madam 是英语称谓中常用于对已婚女性的敬称，准确传达了原文承载的指示信息。而译文 2 选择字面对应，将拟亲属称谓译作了亲属称谓 Elder Sister，容易让译文读者产生误解。

王利发：哥儿们，对不起啊，茶钱先付！

明师傅：没错儿，老哥哥！

译文 1：

Wang Lifa: My friends, I'm sorry to ask you, but please pay in advance.

Chef Ming: We all know that, old man.

译文 2：

Wang Lifa: I'm very sorry, brothers, but I have to ask you to pay in advance.

Chef Ming: There's nothing wrong with that, elder brother.

译文 1 灵活译作 my friends 和 old man，体现了掌柜与客人之间相互尊重，带有亲切感；译文 2 则译为英文中真实的亲属称谓 elder brother，容易让读者对交际双方的关系产生混淆。

《茶馆》中另一个频繁出现的拟亲属称谓是“爷”。在汉语中，无论是直接称“大爷”“这位爷”，还是与姓氏排行连在一起使用如“松二爷”“常四爷”，都体现了对长辈男子的尊称。例如：

王利发：怎样啊？六爷！又打得紧吗？

译文 1：How are things, my friend? Is the fighting fierce?

译文 2：What's happening, Sixth Elder? Is the fighting serious?

王掌柜跟警察打招呼，称警察为“六爷”，译文 1 将其译为 my friend，准确表达了原文寒暄的语言功能；译文 2 译为 Sixth Elder，则显得生硬拗口，失去了原文“爷”泛化使用时所体现的社交功能。

总体而言，两位译者对《茶馆》中拟亲属称谓的翻译处理呈现出两种不同的趋势：译文 1 倾向于放弃原文的亲属称谓形式，而选择语用功能对应的英文称谓，这种处理能帮助读者和观众准确把握称谓所体现的社会关系和权势内涵；而译文 2 则倾向于采用逐字对译,这样的移植翻译虽然忠实于源语的文化特征,却忽视了译文读者的文化习惯,容易使观众产生困惑,远不如译文1的译法直观、易懂。

2. 职业头衔

取电灯费的:掌柜的,电灯费!

王利发:电灯费?欠几个月的啦?

译文1:

The Collector: Hey, Manager, your electricity bill.

Wang Lifa: Electricity bill? I'm how many months behind?

译文2:

Light bill Collector: Proprietor, your light bill.

Wang Lifa: Light bill? How many months do I owe?

该例中"掌柜的"和"取电费的"都属于描述性的职业称谓。译文1译成Manager和the Collector;译文2则处理为Proprietor和Light bill Collector,两种译文都直观易懂,读者或观众通过上下文或语境可以准确判断出人物的职业。

第二节 英汉委婉语翻译的跨文化传播视角研究

一、委婉语文化解析

(一)什么是委婉语

"什么时候喝你的喜酒呀?"

"什么时候吃你的喜糖呀?"

"什么时候办喜事呀?"

这几句话的意思是一样的,都是在问婚事。可是你如果在问一个年轻的女子"结婚了吗?""什么时候结婚?"显得太唐突,对方会难为情,因此要换一个说法。在生活中有一些事情是不好意思或不方便说出来的，但有时候又不能不说，这时候我们就换一个说法来表达相同的意思，这就是委婉语。委婉语是人类语言运用中非常普遍的一种语言现象。它不仅用于日常生活中，而且用于许多行业领域，不同行业都有各自的委婉语。人们在言语交际中恰当地使用委婉语能起到润滑人际关系的作用。中国是几千年的文明古国，汉语是十分丰富发达的语言，汉文化背景下的言语交际特别重视得体、委婉、含蓄。“委婉得体”的言语交际是一个人文化修养的标志，也就是说有文化教养的人，总是避免使用一些带有刺激性的或粗俗性的词语，得体地使用委婉语言来表达自己的意图。

（二）委婉语的产生

任何族群都有各种各样的禁忌，因此可以说世界上任何一种语言都有委婉语。委婉语产生的途径大体可以概括为以下几类。

（1）对令人敬畏的人名、部族祖先、图腾的名字以及对可怕的自然现象的避讳。古希腊人跟其他民族的祖先一样对大自然感到迷惑不解甚至是敬畏崇拜，他们在祭祀时都要讲吉利话，使用委婉语，这是委婉语产生的直接原因。后来，古希腊文化传播到世界各地，影响着世界各国，尤其是欧美国家，委婉语在欧美等地得到广泛的发展。由于这些委婉语是在生产力、科学技术相当落后的历史条件下产生的，所以随着科技的进步，有些委婉语会随之消失或意义发生变化，当然也会有适应社会发展的新的委婉语的产生。可见，委婉语是在动态中变化发展的。

（2）人类出于趋利避害的本能心理，对某些不利或有威胁性的事物采取避讳的说法。以“死”（die）为例，英语、汉语中都有大量的委婉用语。生老病死虽然是不可抗拒的自然规律，但求生也是人的一种本能。中国人、日本人都避免使用数字“4”；美国人对数字“13”的恐惧，也都与死亡禁忌有关。“13 日”再加上“星期五”是最“险恶”的日子。

（3）为了替代某些粗俗难听的事物的名称，换用一种较为文雅好听的说法。这类委婉语纯粹是为了美化语言，防止“语言污染”而产生的。例如，把解大便、解小便合称为“解手”；女人们把月经称谓“老朋友”“例假”，英语叫“blue day”（忧郁的日子）。

（三）英汉表“死”委婉语的跨文化比较

在英美等国家，“民主、自由、平等、博爱”是其基本的价值观。他们崇尚个人主义（individualism）、个人奋斗，提倡自我表现和自我肯定，注重、尊重个人权益和选择。此外，他们的死亡观念也受基督教思想的影响。与英语国家不同，中国人受佛教、道教思想的影响较深。佛教的流传时间最长，影响也最广，甚至在唐代被尊为国教。佛教认为人生于凡世，必为红尘所苦，死亡即是“寂灭”。“灭”的意思是指佛教徒熄灭了生死、烦恼、贪欲、无明等。《大乘义章》卷十八：“灭诸烦恼故，灭生死故，名之为灭。”“灭”是“涅槃”的意译。《大乘义章》卷二：“涅槃无为恬泊为灭。”“恬泊”意为安静淡泊。“灭”意为超脱一切，入于不生不死之门。明代刘元卿《贤奕编·仙释》：“清静无为者，老氏（道家）之说也。佛氏（佛教）以为不足为，而主于寂灭。盖清静者，求以超出乎仁义礼法；而寂灭者，又求以超出乎清静无为者也。”郭沫若《创造十年续篇》：“像佛教的以有生为苦谛，导入归于寂灭的那种消极的办法，二千年来已证明是不全实用的。”“寂灭”用于死亡的别称，多用于信佛的人，尤其是僧人尼姑。基督教的信仰者们对死亡怀着积极乐观的态度，认为死是一种解脱，并相信人的灵魂可以在死后升上天堂，与上帝同在，得到永恒的安宁。正因为人人都是上帝所创造，所以人生来就是平等的。因此，英语中表“死”的委婉语并不体现社会地位的差别。

现代社会，从死亡的委婉语中也能体现死者的社会地位，如伟人、名人用“逝世”；共产党人的死可婉称为“见马克思去了”；一般人的死称之为“去世”“故去”“入土”“病故”“亡故”“作古”“老了”“谢世”等；品行不好的人的死亡叫“一命呜呼”“丧命”“毙命”。

可见，体现等级差异的死亡委婉语可以说是中国封建文化的特殊产物。

对死亡的婉称不同，体现出英语、汉语的文化背景和对死亡的认知的不同。英国是西方世界较早实行民主制度的国家，强调民主和人人平等。虽然英语也对死亡有丰富的委婉语，但这些委婉语并不明显地体现死者社会地位的差异。英语有句古老的格言，Popes, kings, beggars, and thieves alike must die. 也就是说，不论人的身份地位如何，总难逃一死。

二、英汉委婉语文化差异

与英美人相比，中国人使用委婉语的语用习惯是有过之而无不及的。中国民间有"说凶即凶，说祸即祸"的畏惧和迷信心理，因而禁忌提到凶祸一类的字眼，唯恐因此而招致凶祸的真正来临。不得不说的时候就会借助委婉语来表达。对于日常生活中经常涉及性、排泄器官、排泄行为、排泄物等属于禁忌范畴的词语，中国人同西方人一样觉得这类词语肮脏淫秽、难以入耳，因此极为顾忌并极尽可能加以避讳，这也是全世界各民族的共同心理。

（一）关于疾病的英汉委婉语文化差异

健康是每个人都向往的事物，无论是中国还是西方国家，人们都比较害怕疾病和死亡。

1. 关于疾病的英语委婉语

在英语中，人们总是通过一些委婉语来表达这类话题。例如：

（1）"得病"常常用 have (medical) condition, under the weather, uncomfortable, off color, out of shape 等来表示。

（2）"得重病"习惯用 have a terminal illness, in a bad way, have a trouble 等来表示。

（3）heart condition（心脏状况有异）替代 heart attack（心

脏病)。

(4)Hansen's disease(汉氏病)替代 leprosy(麻风病)。

(5)irregularity(不规则)替代 constipation(便秘)。

(6)preventable disease(可以预防的疾病)替代 syphilis(梅毒), aids(艾滋病)等。

(7)social disease(社会性疾病)替代 venereal disease(性病)。

2. 关于疾病的汉语委婉语

同样,中国人对疾病也是普遍表示恐惧的,希望远离疾病,所以与疾病有关的词语都是禁忌语。为了顾及病患及家属的感受,一般会用婉转的表达代替疾病方面的禁忌语。在汉语中,古有"小恙、报恙、欠安"的说法,现在通常直接说出"感冒、不舒服、需要调理、需要静养"等。当然,很多具体病症也是有能替代禁忌语的表达,如表达受伤时用"挂彩",表示肺结核时用"怯症",表达性病时用"花柳病"等。

(二)关于死亡的英汉委婉语文化差异

1. 关于死亡的英语委婉语

(1)He has passed away(逝世/谢世/过世/去世/辞世).

(2)I was told your father was gone(逝去/走了)last night. I'm too sorry to hear that.

(3)The old man is lucky to have been in heaven/gone to heaven(已进天堂/已上西天).

(4)She has been released from this mortal world(撒手人寰).

(5)The great American writer is asleep/slient for ever(安息).

(6)All the people were sorry to hear the news that the great scientist had departed from the world forever(与世长辞).

(7)Finally the old woman breathed her last(咽下最后一口气)even if she was quite unwilling to leave this world.

(8) He was not unhappy at all knowing that he would soon go the way of all flesh(踏上众生之路).

(9) John sighed relievedly as he knew he could pay his debt to nature(回归大自然).

(10) After being ill for so long, she eventually went to better world(奔向极乐世界).

2. 关于死亡的汉语委婉语

(1)他父亲上周逝世/去世/过世了。

(2)老人昨晚走了。

(3)等我父母双亲百年之后,我才会离开此地。

(4)这个高僧早已圆寂/坐化。

(5)老先生终于驾鹤西去/寿终正寝。

(6)他可真是个好人,没想到却不幸英年早逝。

(7)我听说他家老爷子升天/上西天了。

(8)当朝皇帝已于昨日驾崩。

(9)历史上有千千万万革命烈士慷慨就义英勇牺牲/为国捐躯。

(10)这位警官在与罪犯的斗争中以身殉国/殉职。

此外,还有"安息""长眠""与世长辞""撒手人寰""离开人世""命赴/丧黄泉""作古""永别""谢世""阵亡""献身""了结尘缘""去见上帝""仙逝""上天堂""归西""病故""没了""不在了""闭眼""合眼""咽气""断气""夭折""香消玉殒"等种种说法。

另外,还有诸如"蹬腿""翘辫子""进棺材""入坟墓""下地狱""去了鬼门关"等或诙谐讥讽,或恶意诅咒的说法,虽然也是"死"的替代语,却不能算作"死"的委婉语。表示主动寻死行为的"自尽/杀""寻短见"等也不应在委婉语之列。

(三)关于衰老的英汉委婉语文化差异

在中西方文化中,对"老"这个字的认识存在着较大的差异。

1. 关于衰老的英语委婉语

在西方文化中,“老”代表“无能、不中用”等含义,尤其是老年人和女性都不愿意别人提及自己的年龄,因此人们在表达 old 时,一般用委婉语来表示。例如,be getting on years(年岁增长),golden years(金色年华),mature people(成熟的人),seasoned people(老练的人)。

2. 关于衰老的汉语委婉语

但是,中国人对“老”的认识大不相同,这源于中国传统文化中尊老爱幼的文化因子。“老”通常表示“尊重、敬畏、有经验”的含义,因此大多数和“老”相关的还是褒义词,如老骥伏枥、老马识途、老有所成、老当益壮等,并且有些昵称也有“老”字,如老爸老妈、老寿星、老两口。长寿之人通常被大家尊重,被视为后代的福气。当然,和“老”有关的词语也有贬义的,如风烛残年、老弱病残等,但数量较少。“老”有时还与资历、地位有关,如老校长、老朋友、老搭档、老总、老师傅、老李等。

(四)关于性别、性的英汉委婉语文化差异

1. 关于性别的英汉委婉语文化差异

性别歧视一般是指对妇女的歧视。西方的性别歧视来自宗教信仰,这在《圣经》中有详细的阐述;中国的性别歧视来自根深蒂固的“男尊女卑”思想。可见,无论是在西方文化还是中国文化中,女性一开始都处于被支配地位,这也体现在了语言上。例如,英语中用 he 而不是 she 表述不确定的性别,用 mankind 而不是 womankind 表示人类;汉语中有“女人之见”“嫁鸡随鸡,嫁狗随狗”等说法。但是,随着时代的进步,有关性别歧视的语言越来越少见。例如,用 firefighter(消防队员),sanitation worker(卫生工人),letter carrier(邮递员),representative(议员,代表),salesperson(售货员),chairperson(主席)来代替曾经的

fireman, postman, congressman, salesman, chairman 等语言表达方式。

2. 关于性的英汉委婉语文化差异

在基督教文化中，由于亚当和夏娃偷吃禁果，所以人生来有罪。受此文化的影响，西方人不会直接表达"性"，由此引发了许多委婉的表达词语。

在汉语交际过程中，当谈到关于性爱、婚外恋方面的话题时，为了避免交际双方的尴尬，应该使用合适的婉转表达。

（五）关于数字的英汉委婉语文化差异

中西方对数字有着不同的偏好和禁忌。比如，西方人不喜欢"13"，并且竭力避免这个数字，这大概与耶稣之死有关，因为13日正是耶稣被钉死在十字架上的日子；另外，也可能与亚当和夏娃因为偷食禁果被逐出伊甸园的日子13号(星期五)有关。于是，西方人也不喜欢星期五，如 A Friday face（忧郁的颜色）。

中国人或许因为谐音，很避讳说"4"（死）。因此，在选择一些号码时，会尽量避开"4"。

（六）关于生理或外观缺陷的英汉委婉语文化差异

1. 关于生理或外观缺陷的英语委婉语

（1）mad/crazy（疯），insane（精神错乱）的委婉语是 out to lunch, not clear-headed 等。

（2）fleshy（胖），fat（肥），obese（过度肥胖的）的委婉语是：plump, chubby, well-developed, full-grown 或 full-figured, a little bit heavy 等。

（3）thin（瘦），skinny/bony/scraggy（皮包骨）的委婉语是 slim, slender, underdeveloped。

（4）ugly（丑陋）的委婉说法是 plain-looking（外貌平平）。

（5）old（年老）的委婉说法是 elderly, advanced in age（高寿）

等,而 old man/woman 的委婉语是 senior citizens(年长者)。

(6)special students 是残疾学生的委婉说法;其中盲人学生的委婉语则是 visually retarded students 等。

2. 关于生理或外观缺陷的汉语委婉语

称"疯癫"为"精神不正常/有问题",称"傻、痴"为"智障",称"哑"为"失声",称"聋"为"耳背""失聪""重听",称"瞎"为"盲""失明",称"肥胖"为"发福""丰满""发育过度",称"瘦"为"苗条""发育不良",称"残废"为"残疾人"等。

(七)关于排泄等生理活动的英汉委婉语文化差异

1. 关于排泄等生理活动的英语委婉语

私人厕所,英国英语用 lavatory, toilet 以及 loo,美国用 lavatory, toilet, bathroom。公共厕所,英国英语用 the Gents(男厕所), the Ladies(女厕所)以及 public conveniences;美国英语中用 the washroom 和 the restroom,或者 john(不正式用法)。

粗俗俚语 piss(撒尿、小便)以及 go for a piss 用委婉语说是 go to the toilet(英国英语), go to the bathroom(美国英语)以及 go for a gypsy,对小孩则多说 pee, go for a pee;抑或用较为正式的用语 make/pass water(如"He went behind the wall and made water against a tree."), urinate(如医生、护士会要求患者:"Will/Could you urinate in this cup?"), void(如医生会问:"Do you have trouble/difficult voiding?")等。此外, number one 也是指小便,如 make/do/go number one。

粗俗俚语 shit(大便)的委婉语是 drop the kids off at the pool;其较为正式、文雅的说法是 defecate, discharge excrement, make/have a bowel movement, answer natural calls 等;对小孩则用 make a poo-poo 或 make a BM(bowel movement);另外, number two 也是指"大便",如 make/do/go number two;"屎、粪便(shit/feces)"的正式用语是 excrement,委婉语是 solid human waste；“臭(stinking)”的委婉语则是 smelly。

粗俗俚语 fart（放屁）的委婉语是 break wind, pass one's wind 或 drop one's guts 以及 float an air biscuit，而较为正式的用法则是 make/pass gas, expel gas（如医生会问患者："How often do you expel gas?" 你放屁的频率是怎样的？）；上述表达方式中的名词 wind, gas 和 air biscuit 也都是 fart（屁）的委婉语。

2. 关于排泄等生理活动的汉语委婉语

汉语中，称“上厕所”为“去洗手间”（借鉴英语）或“去方便一下”“去洗个手”，称“撒尿”为“小便”或“上 / 去一号”乃至“放水”，称“拉屎”为“大便”或“上 / 去二号”乃至“蹲点”，称“怀孕”为“有喜”“有了”“快当妈妈了”，称“来月经”为“来例假”，称“避孕”为“节制生育”等。

（八）关于诅咒、咒骂的英汉委婉语文化差异

1. 关于诅咒、咒骂的英语委婉语

俚语 damned（该死的）的委婉语是 darned（如“I'll be darned if I run after her! 如果我追她我就不是人！”），dee 等；它在书面语中常常变成“d—d”或干脆用“—”，读者一见自明。人们觉得这类字词还是眼不见为净，这样处理可以避免因采用 damned 一词而遭非议。

God 一词本是神圣的词，是对上帝的称谓，但英美人的诅咒、发誓常常需要抬出上帝来表示自己的诚意；而后又逐渐衍生出表示极大的意外或震惊的感叹用法。为了不背上亵渎上帝的罪名，他们在诅咒发誓以及表示惊异、赞叹时便用变音的办法来提及上帝。这样就有了委婉语 Gosh，Goodness，如“Oh，my gosh”（唉哟，我的天哪！）及“Goodness! Have you been expelled?”（天哪！你已被开除了吗？）等。

2. 关于诅咒、咒骂的汉语委婉语

人在情急之下诅咒、骂人是绝大多数人一生中难以避免的事。不过，尽管这些都是肮脏的字眼或不吉利的话语，听起来十分刺耳、令人恶心，这样的字眼在汉语口语中却似乎还没有什么替代用法的委婉语，只是在书面语中用到时，通常用"××"符号替代那些脏字。

应当指出，人们对诅咒、骂人的话所做出的反应并不是始终如一的。有些这样的话听得多了，也就不那么刺耳了；而有的骂人话实际上经常被人们在生气、郁闷、不如意之时用作诅咒或牢骚用语，或者已经演变为那些没有教养的粗鲁之徒的口头语，如汉语的"他妈的"和英语的"Damn it!"等，只要不是刻意针对某人，一般不会引起亲友或旁人的愤怒或反感。

（九）关于职业、身份的英汉委婉语文化差异

1. 关于职业、身份的英语委婉语

bus boy（餐馆侍应生的手下杂工）的委婉说法是 table service man，dishwasher（洗碗工、洗盘子的）的委婉说法是 utensil maintenance man（餐具维护员），cobbler（补鞋匠）的委婉说法是 shoe rebuilder，foreman（工头、领班）的委婉说法是 supervisor，floor walker（商店铺面巡视员）的委婉说法是 aisle engineer（清洁工程师），gardener（园丁、花匠）的委婉说法是 landscaper/horticulturalist（园艺师），hairdresser（理发师/美发师）的委婉说法是 beautician，hired girl（兼干农活的农家女佣）的委婉说法是 domestics，housemaid（女仆、女佣人）的委婉说法是 housekeeper（女管家），illiterate people（文盲）的委婉说法是 the verbally deficient（有言语缺陷者），janitor（门房/看门人）的委婉说法是 custodian，milkman（送奶工）的委婉说法是 route salesman，pawn broker（当铺老板）的委婉说法是 proprietor of loan office，politician（政客）的委婉说法是 statesman（政治家、

国务活动家), poor people(穷人)的委婉说法是 low-income group(低收入群体), poor students(差生)的委婉说法是 below average students, prostitute(妓女)的委婉说法是 street girl/street walker/call girl, telephone answerer(电话接线员)的委婉说法是 night hostess, undertaker(殡仪工)的委婉说法是 funeral director, washwoman(洗衣女工)的委婉说法是 clothing refresher(衣物清理员)。

2. 关于职业、身份的汉语委婉语

"保姆/女佣"的委婉说法是"家政工作者/家政服务员","清洁工、扫大街的"的委婉说法是"环卫工人/环卫工作者","警卫"的委婉说法是"保安","花匠、园丁"的委婉说法是"园艺工程师","家电修理工"的委婉说法是"家电维护工程师","失业者"的委婉说法是"下岗/待岗人员/富余人员","妓女"的委婉说法是"青楼/风月/风尘女子","街头招嫖妓女"的委婉说法是"站街女郎/女子","小偷、扒手"的委婉说法是"三只手"等。

(十)关于令人反感、不悦的事物的英汉委婉语文化差异

日常生活中一些可能会使人感到不悦甚至恶心的事物、特征、事情、行为等通常也会有相应的委婉语,例如,飞机上的"呕吐袋(vomit bag)"上往往写着 for motion discomfort(用于旅途中的身体不适);"癌症"不说 cancer,而说 the big C, CD(cancer disease)或 unnecessary growth;"马虎、粗心"不说 sloppy and careless,而说 absent-minded(心不在焉);"撒谎"不说 lie,而说 not tell the truth;"穷"不说 poor,而说 needy;而 night soil 却是 human excrement removed from latrines, etc. at night(夜间从粪坑中清除的粪便)的委婉语。

另外,有一些事物、现象也会引起人们反感,是人们不愿提及或承认的,这样也会有与之对应的替代性的委婉语。例如,depression(经济萧条)的委婉说法是 recession(经济不景气倒退),

economy class（飞机的经济舱）的委婉说法是 excursion class（旅游舱），expensive 的委婉说法是 premium-priced（物稀价高），poor countries 的委婉说法是 less developed countries，slums（贫民窟）的委婉说法是 more crowded area，strike（罢工）的委婉说法是 industrial dispute（劳资纠纷），suppression（镇压）的委婉说法是 police action（警察行动），used car（二手汽车）的委婉说法是 pre-owned car.

三、英汉委婉语文化的翻译方法

在委婉语翻译过程中，不仅要考虑到不同语言之间的同一性和异质性，还要注意源语与译语的文化特点，在这些因素的基础上选择适当的翻译方法。

（一）直译法

当英语委婉语和汉语委婉语在形式和内涵上非常相似时，就可以用委婉语来翻译委婉语，也就是直译。这不仅保留了源语的形式特色，还再现了源语的文化内涵。例如：

He laid down several enemies.

他撂倒了几个敌人。

在上述例子中，lay down 的真实含义是“杀死”，而按照字面意思翻译就是“撂倒”，这在汉语中也是“杀死”的委婉语，可见这一委婉语在英汉语中有着相同的字面意思和真实意义，因此可以采用直译法。

（二）意译法

由于文化渊源的巨大差异，英语委婉语很难在汉语中找到对应的委婉语，也就是存在委婉语的空缺，在这种情况下，为了使目的语读者最大程度地理解源语，翻译一般选择向目的语靠拢，用目的语的表达方式或形式来再现源语的内涵和意译，也就是意译。例如：

We will have oil the Mayor to get the permit.

我们得贿赂市长，以便获得允许。

在上例中，oil the Mayor 作为一种委婉语，其字面意义是“给市长上油”，真实意义是“贿赂市长”，如果按照字面意思直译，可能会让目的语读者感到荒诞滑稽，因此应采用意译的方法。

第三节　英汉禁忌语翻译的跨文化传播视角研究

一、淡化策略

Mr. × × × clam on top of mc, do his business, in ten minutes us both sleep. Only time I feel something stirring down there is when I think about Shug.

译文：某某先生爬到我身上，干他的公事，十分钟以后我们都睡着了。我只有想起莎格，心里才有些痒痒。

原文描写某某先生为发泄性欲而强暴 Celie 的行为。译文“干他的公事”淡化了原文的效果。something stirring down there 译为“心里痒痒的”，也没有把 Celie 的性冲动表现出来，原文所表达的意思在译文中变得模糊。

二、直译策略

He turned to the girl. “Don't worry,” he said. “No danger of—,” using the vulgar word. “No place for—.” I could see she understood the word, and that was all.

译文 1：他转身对女郎说话。“不要愁，”他说。“没有 × × 的危险，”他讲的是粗话。“没有地方 × ×。”我看得出她只听得懂那粗话。

译文 2：他转身对女郎说话。“不要愁，”他说，“没有 ×× 的危险，”他可真粗俗，“没有地方 ××。”我看得出她只听懂那粗话。

上例中，译文 1 将“vulgar word”译为“粗话”，整个句子看起来比较生硬。与译文 1 相比，译文 2 将该词进行了调整，译为“粗俗”，句子读起来更加通顺。

三、明晰化策略

“They’ll shell the— out of us.”

译文：“他们准会把我们轰得他妈的半死的。”

原文虽然将脏字用“—”隐去，但读者可以很容易发现这里隐去的是 hell 一词。译文将原文隐含的禁忌语进行了明晰化处理，没能充分再现原作人物的说话风格。

第七章　英汉习俗翻译的跨文化传播视角研究

特定人群或民族的生活方式或社会习俗是交际文化的外在体现,是在特定的思维模式、世界观、价值观以及由此而形成的行为准则的支配引导下,在工作、学习、生活过程中积淀起来的、相对比较稳定的具体行为趋势或习惯。

第一节　英汉节日翻译的跨文化传播视角研究

传统节日是民族文化的重要载体和集中展示。由于中西方历史不同,中西方节日文化也具有不同的历史传统与价值取向。

节日文化的形成是历史积淀的过程,其起源、发展与演变是一个潜移默化的过程,它渗入人们生活中的各个方面,反映了特定时期人们的心理特征、审美情趣和价值观念。世界上各个国家和民族都有自己的节日,有的节日与重大历史事件有关,有的节日则源自古老的文化故事和民间传说。各个国家和民族的历史文化、生活习俗、价值观念不同,也带来了绚丽多姿、各具特色的节日文化。研究节日文化的内涵和翻译,对传播本民族节日文化、吸收其他民族节日文化,促进不同民族之间的沟通和交流具有重要意义,因此本节对英汉节日翻译的跨文化传播视角进行探究。

一、节日文化解析

节日具有群众性和周期性特征,并伴随着相对稳定的活动,其是一个民族文化的积淀,也是识别民族身份的重要标志。如果想要了解一个民族的文化，了解它的节日文化可以说是一个最佳途径。

（一）节日的内涵

节日是文化的一部分，其具有一定的社会意义，具有民族性和地域性，它代表了一个地区、民族和国家的与众不同之处。传统节日反映了一个民族的风土民情、传统习惯等，展现了民族文化中最精致、最具代表性的一面。节日具有独特性，产生于不同文化背景的文化，有着不同的特色。但节日具有共通性，人类在共通文明崇拜的基础上，不同地区的某些节日本质上是相同的。例如，出于对母亲的爱，西方有母亲节，中国则有孟母节，虽然节日名称、日期和表达方式有所不同，但对象和目的都是一样的。

（二）中西传统节日

1. 中国传统节日

作为文明古国之一，中国具有五千年的历史，历史悠久，文化源远流长，而且创作和传承了丰富多彩的传统节日，如元宵节、清明节、端午节、中秋节等，而且不同的节日各具特色。下面通过表 7–1 来整体了解一下中国主要的传统节日。

表 7–1　中国主要传统节日

<table>
<tr><th colspan="2">日期</th><th colspan="2">名称</th><th>主要内容</th></tr>
<tr><td>农历腊月初八</td><td rowspan="3">从农历腊月初八至正月十五</td><td>腊八节</td><td rowspan="3">春节</td><td>做腊八粥，喝腊八粥。原是古代欢庆丰收，感谢祖先的祭祀活动，沿袭至今</td></tr>
<tr><td>农历腊月二十三（二十四）</td><td>祭灶</td><td>旧时，家家户户设有“灶王爷”神位，人们对其进行祭祀，祈求保佑全家平安</td></tr>
<tr><td>农历腊月二十九（三十日）</td><td>除夕</td><td>这一天家家户户打扫屋子，贴春联、年画，挂灯笼，晚上吃团圆饭</td></tr>
</table>

续表

日期	名称	主要内容
农历正月初一	农历新年	中国传统节日中最重要、最热闹的节日。人们辞旧迎新,迎喜祈福,展示丰富的文化活动
农历正月十五	元宵节	关于元宵节的习俗在全国各地不尽相同,吃元宵、赏花灯、猜灯谜、舞龙、舞狮等,形成元宵节共性文化
节气清明	清明节	祭祀祖先、扫墓、踏青
农历五月初五	端午节	起源有不同的说法,流传吃粽子、赛龙舟、挂艾叶、喝雄黄酒等习俗
农历七月初七	七夕节	在我国传统节日中最具浪漫色彩,七夕晚上,妇女们穿针乞巧,想念爱人,祈求爱情的来临;陈列花果,祈祷福禄寿喜
农历八月十五	中秋节	最早是祭祀月亮的仪式。最初祭祀月神的月饼逐渐成为人们在中秋赏月时的品尝佳品,作团圆象征和馈赠亲友礼品
农历九月初九	重阳节	亲朋好友登高"避灾",插茱萸赏菊,"踏秋"

资料来源:张祖群,2013

除了传统节日,中国人对节气也非常重视,一年二十四节气从属农历,却是根据太阳在黄道上的位置来划分,具体如表 7-2 所示。

表 7-2 中国二十四节气

名称	主要内容
立春	意味着春天的开始,二月四到五号,太阳黄经度为 315
雨水	立春之后的节气,二月的十九到二十号,太阳黄经度为 330,雨水量大并且会增加
惊蛰	三月的五到六号,太阳黄经度为 345,这时冬眠的动物会被春雷惊醒
春分	三月的二十到二十一号,太阳黄经度为 0,这时太阳直射赤道,昼夜平分
清明	四月的四到五号,太阳黄经度为 15,天空纯净明亮,花草树木蓬勃生长
谷雨	四月的二十到二十一号,太阳黄经度为 30,降水量开始增加,谷物生长
立夏	五月的五到六号,意味着夏天的开始,太阳黄经度为 45
小满	五月的二十一到二十二号,太阳黄经度为 60,此时夏熟作物的籽粒开始灌浆饱满
芒种	六月的六到七号,太阳黄经度为 75,芒种作物,如小麦,开始成熟

续表

名称	主要内容
夏至	六月的二十一到二十二号，太阳黄经度为 90，此时太阳直射北回归线，北半球的白昼达到最长
小暑	七月的七到八号，太阳黄经度为 105
大暑	七月的二十三到二十四号，太阳黄经度为 120，此时是一年中最热的时候
立秋	八月的七到八日，太阳黄经度为 135，它意味着秋天的开始
处暑	八月的二十三到二十四号，太阳黄经度为 150，炎热的夏天即将结束
白露	八月的七到八号，太阳黄经度为 165，天气逐渐变冷，早晨会有露珠出现
秋分	九月的二十三到二十四号，太阳黄经度为 180，此时太阳又直射赤道，昼夜平分
寒露	十月的八到九号，太阳黄经度为 195，天气越来越冷，早晨的露珠也是非常凉的
霜降	十月的二十三到二十四号，太阳黄经度为 210，天气继续变冷并有霜冻出现
立冬	十一月的七到八号，太阳黄经度为 225，意味着冬天的开始
小雪	十月的二十二到二十三号，太阳黄经度为 240，天空会开始下雪
大雪	十二月的七到八号，太阳黄经度为 225，此时可能会有大雪飘落
冬至	十二月的二十二到二十三号，太阳黄经度为 270，此时太阳直射南回归线，北半球的白昼达到最短
小寒	一月的五到六号，太阳黄经度为 285
大寒	一月的二十到二十一号，太阳黄经度为 300，此时是最冷时期

资料来源：梁晓玲、李圣贤，2013

2. 西方传统节日

西方国家也有着各式各样的节日，这些节日体现着西方人的生活方式和价值观念。下面通过表 7-3 了解一些西方主要的传统节日。

表 7-3　西方主要传统节日

日期	名称	主要内容
1 月 1 日	元旦（New Year）	以清扫房屋、互赠礼物、燃放烟花爆竹、载歌载舞等形式迎接信念，希望来年顺利安康、幸福美满

续表

日期	名称	主要内容
1月15日	马丁·路德·金(Martin Luther king)	纪念马丁·路德·金先生做出的重大贡献
2月14日	情人节(圣·瓦伦丁节)(Valentine's Day)	有情男女相约,互赠礼物,表达甜蜜的爱情
4月1日	愚人节(万愚节)(April Fool's Day)	组织家宴,用水仙花和雏菊把房间装饰一新。一起享用鱼宴。人们相互开玩笑
10月31日夜	万圣除夕(Halloween Day)	孩子们打扮古怪,在街上游行、乞讨、恐吓,甚至搞破坏
11月第四个星期四	感恩节(Thanksgiving Day)	以各种形式庆祝大地母亲的恩赐,如今延伸为人们对给予自己各种帮助的人的感激
12月25日	圣诞节(Christmas)	人们装饰圣诞树,互赠礼物,共进晚餐,一起唱圣诞歌,对新的一年祈福

资料来源:张祖群,2013

(三)节日的价值取向

中华民族数千年的农耕文明和宗法制度决定了中国文化集体主义价值取向。任何人都被看作群体的一分子,人与人之间相互合作,个体与群体之间和谐统一。这种集体主义文化对节日文化也产生了深远的影响。

西方文化以个体为本位,以自我为中心,将个人的人格、尊严和利益放在首位。西方人推崇"人性"与"自然",热衷于挖掘个体的价值,追求自由主义。西方文化的个性主义文化与其节日文化也有着重要的影响。

1.集体意识与个性追求

(1)中国节日注重集体活动。中国传统文化尊重人,强调宗法集体,讲究以大局为重。这体现在传统节日中,则注重家族全员共享天伦之乐、团圆之情,强调全家团圆、阖家欢乐。可以说,"亲情""团圆""全家平安"是中国传统节日的主题。例如,除夕之夜的年夜饭、正月十五的元宵、中秋节的月饼等象征着家人团圆的食物，中国特有的“春运”现象、节日的走亲访友等，都是从不同层面体现了中华民族强烈的宗法血缘家庭观念和社会群体意识。

（2）西方节日注重个性张扬。在西方国家也有注重全家团圆的节日，如感恩节，但大部分节日更强调个人享乐，注重个性的张扬，如圣诞节、万圣节等。可以说，“新奇”“狂欢”“浪漫”是西方节日文化的主题。在当今时代，这种张扬很容易被不同文化背景的人们接受，因此具有较强的跨文化移植能力。

2. 饮食文化与精神文化

（1）中国节日注重饮食。在我国的传统节日中，饮食一直都扮演着重要的角色，如春节、端午节、中秋节等都有与之相对应的特色食物。

在春节这一中国最隆重的节日里，人们除了贴对联、拜年，还会做各种食物。虽然各地饮食习俗各异，但在春节期间人们都会吃团圆饭，在除夕之夜齐聚一堂，享受美味佳肴。在端午节，人们吃粽子、鸡蛋，还会喝雄黄酒。中秋节人们回家团聚，一起赏月吃月饼。

（2）西方节日追求精神上的愉悦。西方节日追求交往和营造欢乐的气氛，注重情感的释放。尽管也有很多节日食物，圣诞节的烤鹅、复活节的彩蛋、感恩节的火鸡和南瓜饼等，但更多的是追求精神上的愉悦。

就狂欢节这一西方最具特色的节日而言，其不仅仅是一个节日，也是人们打破正常生活秩序的一个时节，人们会举行盛大的化装舞会、喧闹的彩车游行等，其充分体现了西方人追求欢乐的宗旨。此外，愚人节也是能够充分反映西方节日文化特色的一个节日。在愚人节这一天，人人都可以取笑别人和被别人取笑。节日期间的相互愚弄和搞笑可以充分缓解人们的紧张情绪，给生活增添一定的乐趣。

二、英汉节日文化对比

（一）节日根源对比

中国的农耕文明对人们的思维方式、价值观念、行为准则乃至文化价值产生了极大影响。西方国家最开始是以畜牧业为主的,其深受商品文化、农耕文化、宗教文化等体系的影响。

（二）价值取向对比

传统节日是一个民族价值观念和思维方式等的重要反映,就中西方节日来说,中国节日文化体现了集体主义的价值取向,西方节日文化则体现了个人主义的价值取向。

中华民族几千年来以血缘、地缘为纽带的社会关系决定了儒家传统文化的集体主义价值取向。体现在节日方面,中国传统节日大都具有较强的家庭宗族观念和群体观念,多是以家族或家庭为核心的集体活动。例如,在中国,通常每逢春节、元宵节、中秋节等,在外工作的人都尽量赶回家与家人团圆,围坐聚餐,共吃团圆饭、元宵、月饼。聚餐期间,晚辈会向长辈敬酒祝寿,长辈会为晚辈祈福祝吉,洋溢着团团圆圆、和和美美的节日氛围。再如,人们会在端午节举行集体龙舟赛活动,在清明节举行祭祀祖先的集体活动等。这些都体现出中国传统节日追求团圆、尊长、和谐等,体现出浓厚的中国文化韵味。

西方文化认为人是一切活动的中心所在,每个人都是独立的个体,理应被放在第一位。西方人对于个性和自由也非常推崇,非常强调个人的意志,追求个人的解放和自由。西方国家虽然也有类似的全家团聚的传统节日,如圣诞节、感恩节等,但是整体来看,西方节日更加侧重个人价值的挖掘与个人情感的释放。西方节日大都以欢快和娱乐为主基调,人们通常以过节之名,尽情享受个人欢乐。可以说,“狂欢”“新奇”“神圣”“浪漫”等是西方节日精神的主要内核。①

（三）节日性质对比

中国传统节日有上千年的历史，一方面受中国伦理道德传统与集体主义价值观的影响，另一方面长期受节日文化变异性的影响，节日的表现形式从单一性转变成综合性。因此，集祭祀、怀念和热闹、娱乐于一体的中国传统节日是一种综合文化现象。例如，清明节从最开始的农事节日演变成如今的与禁忌、祭祀、郊游、踏青等活动相融合的综合节日；端午节如今成了驱瘟祛邪、招魂祭江、龙舟竞渡、食粽等活动极为丰富的综合性节日；年节是中国影响最大的综合性节日，主要活动有祭神、祭祖、庙会以及走亲访友、拜年祝福等。

西方的节日虽然深受宗教的影响，但因为追求个人主义的价值观，节日的宗教意味越来越淡，并且更注重单一的娱乐精神。当然，西方还保留着如圣诞节、复活节等综合性的节日，但相对来说，单一性的节日更多。例如，父亲节、母亲节、情人节、狂欢节等，均属于单一性质的节日。

中西节日性质具体可参见表7-4。

（四）重要节日对比

1.春节与圣诞节

春节和圣诞节分别是中西方两个非常重要的节日。

春节可以说是中国最隆重、最热闹的节日了。在外工作的人，无论路途多遥远，都希望在春节赶回家中与家人团聚，共同开启新的一年的美好。春节期间，人们会举行各种各样的庆祝活动。最常见的庆祝方式有舞龙舞狮、贴春联、挂红灯笼和年画、燃鞭炮、拜年等。一家人聚在一起，庆贺过去的一年，祈祷新的一年，祈福在新的一年人畜兴旺，家和万事兴。

① 李欣．比较视野中的中西传统节日文化［J］．中州学刊，2008（4）：245.

表 7-4　中西节日性质对比

中国		西方	
年节	综合	圣诞节	综合
元宵节	单项	狂欢节	单项
人日节	单项	复活节	综合
春龙节	综合	母亲节	单项
清明节	综合	愚人节	单项
端午节	综合	划船节	单项
七夕节	综合	情人节	单项
鬼节	单项	鬼节	单项
中秋节	综合	父亲节	单项
冬至节	单项	仲夏节	单项
腊八节	综合	啤酒节	单项
小年节	综合	婴儿节	单项
除夕节	综合	葱头节	单项

资料来源：刘立吾、黄姝，2004

圣诞节作为西方传统文化中最重要的节日，其重要程度与中国的春节不相上下。圣诞节的时间是每年的 12 月 25 日，是西方人纪念耶稣诞生的日子。这一天，人们会举行非常盛大的圣诞晚会，围着圣诞树进行祈祷、唱颂歌等。人们还会互相交换礼物，父母和孩子会分享彼此的生活乐趣，向家人表达爱和祝福。

可见，春节和圣诞节的相同之处就是都和家人共同庆祝与团聚，其不同之处也有很多。例如，在中国，每个家庭大年三十晚上都会准备一顿丰盛的晚餐，以此庆祝一年的丰收；西方则更追求健康与快乐，除必需的饮食营养外，主要是通过娱乐活动来实现。再如，中国春节里最受欢迎的颜色当属红色，人们贴红对联，挂红灯笼，如果是本命年则会穿红色的衣物，总之红色是春节的主色调，红红火火才显得喜庆；而西方的圣诞色则有红、绿、白等，如红色的圣诞服饰和蜡烛，绿色杉、柏圣诞树以及五颜六色的彩灯和纸花等。

2. 中秋节与感恩节

中秋节是中国一个极其重要的节日，在中国人心中占有非常重要的地位。每年农历的八月十五为中秋节，因为该节日多是在秋天的中期，因此叫中秋节。中秋月圆，人之团圆，人们在中秋节寄托思念故乡、思念亲人之情，并企盼丰收、幸福。月饼是中秋节的必备食物，象征着团团圆圆。此外，在中秋节的晚上，人们还会与家人一起赏月。我国关于中秋的诗歌有很多，其中宋代词人苏轼曾写下著名的《水调歌头》，其中“但愿人长久，千里共婵娟”更是千古名句，诗人借诗词表达了对远方亲朋的思念之情与美好祝愿，也体现了豁达、乐观的人生态度。

在西方，感恩节是仅次于圣诞节的节日，时间是每年的 11 月的第四个星期日。在这一天，人们通常会到教堂做感恩祈祷，一些地方还会举行各种化装游行、戏剧表演甚至体育比赛等活动。此外，火鸡是感恩节的必备食物之一，在异乡的人们通常会在感恩节与家人团聚，分享以火鸡为主食的盛餐。

中秋节与感恩节的相同之处也是与家人的团聚。其不同之处在于，中秋节更多的是对逝者或远方亲人的思念，感恩节则更多的是感谢家人与朋友对自己的帮助。此外，随着中西方文化的交流与融合，越来越多的中国人加入感恩节的行列，表达对父母、亲人或教师的感恩。

3. 七夕节与情人节

七夕其实也是中国人的“情人节”。七夕这一天是年轻女孩畅想爱情的节日，在古代，姑娘们会一块坐着看牵牛星和织女星，想象着牛郎和织女在鹊桥相会的场景，祈求智慧和巧艺，并且期盼得到美好的姻缘。唐代诗人白居易在《长恨歌》写道：“七月七日长生殿，夜半无人私语时；在天愿作比翼鸟，在地愿为连理枝。”以牛郎和织女的爱情故事为例，讲述了唐玄宗与杨玉环共誓白头的约定。但是，随着时代的变迁，当今社会生活节奏不断加快，人们的生活理念也发生了巨大改变，所以每逢七夕节，多数情侣会选择一起吃饭、逛街、看电影,送巧克力和玫瑰给对方。如今,中国人庆祝七夕节的方式也越来越接近于西方的情人节。

在西方,每年的2月14日是情人节。在情人节这一天,鲜花和巧克力是不可或缺的。我们知道,玫瑰代表爱情,但是不同颜色、朵数的玫瑰有着不同的意思。在古希腊的神话传说中,玫瑰是美神的化身,是用于表达爱情的通用语言。情人节这天,西方国家到处都弥漫着巧克力的香甜味道,很多男士也会选择在这一天向女友表白。

三、英汉节日文化翻译

(一)中国传统节日的翻译

1. 直译

直译就是按照字面意思直接进行翻译。运用直译法可以有效保留源语的形式与特点,也便于读者理解源语的风格。中国很多传统节日在英译时都可以采用直译法。例如:

中秋节 the Mid Autumn Festival

元宵节 the Lantern Festival

元旦 New Year's Day

教师节 Teachers' Day

国庆节 National Day

国际劳动妇女节 International Working Women's Day

国际儿童节 International Children's Day

国际劳动节 International Labor Day

中国共产党诞生纪念日 Anniversary of the Founding of the Chinese Communist Party

2. 意译

因为不同节日在我国有着不同的庆祝方式和特色,所以在翻译时也可以以此为依据展开。例如,端午节是为了纪念伟大的爱国诗人屈原，人们会吃粽子、赛龙舟，所以可以英译为 The Dragon-Boat Festival。再如，中秋节这一天人们会与家人团圆，一起赏月吃月饼，祈盼团团圆圆，所以可以英译为 the Moon Festival。

外面又有工部官员并五城兵备道打扫街道，撵逐闲人。贾赦等督率匠人扎花灯焰火之类，至十四日，俱已停妥。这一夜，上下通不曾睡。

（曹雪芹《红楼梦》第十八回）

Outside, officers from the Board of Works and the Chief of the Metropolitan Police had the streets swept and cleared of loiterers. Jia She superintended the craftsmen making ornamental lanterns and fireworks, and by the fourteenth everything was ready. But no one, high or low, slept a wink that night.

（杨宪益、戴乃迭 译）

3. 音译

音译是把一种语言的语词用另一种语言中与它发音相同或近似的语音表示出来的翻译方法，简单来说就是以音代义。这种方法有利于保留源语的发音及其含义的主要功能。在中国传统节日的英译中，音译法的使用频率很高。例如：

清明节 the Qing Ming Festival

中元节 the Zhong Yuan Festival

4. 直译 + 解释性说明

有时，译者可以在直译的基础上，辅以解释说明性的文字，帮助译入语读者更好地理解。例如：

七夕 Double-Seven Day (Chinese Lover's Day with the story of head-boy and weaving-girl)

重阳节 Double-Ninth Day (a festival to show respect for the old)

5. 沿用已有翻译

有些节日的翻译已经被大多数人认可,因此没必要再改变。例如,春节可以被译为 Spring Festival,也可以被译为 the Chinese Lunar New Year,但是通常第一种译法更为常用,因为其更加符合中国特色,更为人们所认可。再如,端午节的英译 the Dragon-Boat Festival 也是沿用了现有翻译。

(二)西方传统节日的翻译

对于西方传统节日,在翻译时大多采用直译法或意译法。例如:

Christmas 圣诞节

Thanksgiving Day 感恩节

Halloween Day 万圣节

Christmas Eve 圣诞前夕

April Fool's Day 愚人节

Mother's Day 母亲节

Father's Day 父亲节

St. Valentine's Day 情人节

西方节日与宗教息息相关,所以为了再现这一特殊的内涵,翻译时应以意译为主。例如:

Easter Day 复活节

Carnival 狂欢节

Ascension(耶稣)升天节

第二节　英汉饮食翻译的跨文化传播视角研究

中国的饮食文化源远流长，特色鲜明，它是中国人赖以生存的基础。东汉思想家王充在其著作《论衡》中写道：“人之生地，以食为气，犹草以土为气，闭口不食，拔草离土，必不寿矣。”由此可见，人必得食是天经地义的道理。

饮食关系到一个社会的生存和发展。中国一向重视饮食，即重视“吃”，因而形成了中国丰富多彩的饮食文化。通过翻译介绍我国的饮食文化也是我国翻译工作者所面临的重要任务。

一、饮食文化解析

美国因其在全世界的广泛而强大的影响，其社会生活各个方面的习俗都在逐步融入世界上大多数国家，尤其是西方国家。因此，美国的生活方式特别是饮食起居方面，已经成为西方国家生活方式的典型代表。在此，通过研究美国人的饮食起居习俗可以帮助我们大体了解西方的生活方式。

（一）风行世界的快餐饮食

1. 快餐食品

特点：①食物品种简单，虽然某一品种可有多种乃至数十种样式，然而就大的品种而言却寥寥无几；②营养特点是高热量；③饮食方式完全是自助式。

美国风格的快餐连锁店目前在全世界范围正迅猛增加，几乎遍及世界的每个角落，已经成了美国文化入侵世界各国的重要标志之一。其经营方式与经营理念在全球都是雷同的。长长的柜台上方张贴有快餐品种的目录，有些品种通常有几十种之多(如麦当劳的汉堡包)，口味不断创新，往往配有彩色招贴画。柜台后的服务员为依次排列在柜台前的顾客提供服务。食客可以很快就得到他们所订购的品种，然后把装有食物的托盘端到就餐的餐桌上，还可随意取用吸管、胡椒面、盐、番茄酱、泡菜以及纸质餐巾等。就餐完毕时，食客自己将托盘以外的一切餐具如纸杯、吸管等扔到垃圾桶里。

这种饮食方式以简便、快捷、便宜著称，受到广大上班族的欢迎和力捧，因为它确实满足了当代高频率、快节奏的生活方式的需求。

2. 流行的快餐品种

（1）油炸薯条（chips）。油炸薯条在美国又叫作“法式油炸土豆条（french fries）”，在美国，chips 意指“油炸薯片（crisps）”，前者是条状，后者是片状。美国人吃油炸薯条的吃法是用薯条蘸番茄酱，通常不用醋。不过，当今这种食品因其有害健康而被称为“垃圾食品”。

（2）汉堡包（hamburger）。这是美国特别流行的一种食品，它是一种扁圆形状的牛肉馅饼，通常用油在煎锅里煎过，吃法是把它与洋葱一起夹在小圆面包里吃。而今，三明治有时也被叫作汉堡包，尽管后者并不夹油炸牛肉馅。

（3）三明治或夹心面包（sandwiches）。这指的是一种麦制食品，用两三片面包片内夹肉馅、奶酪等做成，根据所夹的馅料命名，如有火腿三明治、鸡肉三明治等，还有用蔬菜制作的三明治，如黄瓜三明治等。

（4）热狗（hot dog）。实际上这也是一种三明治，指的是里面夹有热香肠的软圆面包，常与洋葱和芥末一起吃。在西方国家的城镇里几乎到处可见有人沿街售卖热狗。

（5）炸鸡（炸鸡腿或炸鸡块）（fried chicken）。这是指一种美味的煎炸食品，用块状鸡肉制成。其中，炸鸡腿最受欢迎。

（6）意大利薄饼 / 比萨饼（pizzas）。这是意大利风味的食品，如今已传入美国并大行其道。现在美国有许多专业的比萨饼铺，他们都接受电话订购，可以送货上门，所以对顾客十分便利。比萨饼有大小不同尺寸（大的可供四人食用），有不同口味，而且一张比萨饼上可以做成两套不同口味的配料，各占一半，以满足食客吃一张饼可以品尝两种味道的需求。

（7）冰激凌（ice cream）。出售大量的不同口味的冰激凌在美国是司空见惯的现象。如果你不能肯定想要什么口味，就可以在购买之前先品尝一羹匙，以确定是否是你喜欢的口味。冰激凌通常盛放在两种盛装物里，"普通型锥形盛装物"或"甜脆型锥形盛装物"。

（8）软饮料（soft drinks）。软饮料指的是不含酒精的饮料。一般来说，快餐店是不提供含酒精饮品的。在这里经常出售的软饮料是可口可乐、百事可乐、诸如汽水（lemonade）一类含二氧化碳气的饮料以及一些用植物根茎的汁液调味的根汁饮料（root beer）。含二氧化碳气的饮料又称之为"碳酸饮料"，俗称"苏打水（soda）""汽水（pop）"或"苏达汽水（soda pop）"。

3. 快餐店的种类

当今世界最流行、最普及的快餐店是销售汉堡包的餐馆，如麦当劳连锁店（Macdonald）。不同品牌的连锁店有其各自的专长和特色：艾比（Abby）连锁店提供大块烤牛肉、火腿奶酪以及火鸡三明治，麦当劳是以各种口味的汉堡包驰名于世，肯德基连锁店（KFC）则以创始于美国肯塔基州的炸鸡而闻名遐迩，另外有一些连锁店则专长于快速而且廉价地提供牛排。而今，麦当劳和肯德基已成为世界最知名、最受欢迎的食品品牌，它们的分店已经分布到全世界几乎每一个角落。

值得注意的是，随着生活节奏的加快，快餐饮食也越来越多地进入了中国人的日常生活。改革开放前，中国的快餐以食用馒头稀饭、豆浆油条、包子烧饼的早餐和面条饺子的中餐为主要特征，也不乏数目众多的由史上传下来的名店、名铺、名小吃，如四川的"龙抄手""赖汤圆"等。而今中国的快餐店遍地开花，快餐食品也日益多样化。除了传统的这些饮食以外,方便面也成了十分重要的主力军。此外,洋快餐也早已登陆中国,“麦当劳”“肯德基”“加州牛肉面”等在相当长的一段时间里风行一时,生意十分火暴。

(二)用餐习惯及餐桌礼仪

1. 用餐习惯

首先是餐具的使用。美国人通常用叉进食,用刀的时间一般不会超过几秒钟,握刀的时间过长在他们看来是违反餐桌礼仪的。有些美国人甚至干脆不用餐刀,用叉来切割土豆、鱼肉甚至熏猪肉等。

2. 早餐食谱

美国人似乎比较重视早餐。其早餐食谱通常包括鸡蛋、香肠、油炸土豆片、薄煎饼、果子冻、烤面包、松饼、橘子汁以及咖啡等,比东方人的早餐丰富。

早餐的鸡蛋可以是炒鸡蛋或煮鸡蛋;如果是煎鸡蛋,则有“一面煎(sunny side-up)”“两面煎(over)”以及“两面嫩煎(over-easy/easy-over)(即其内的蛋黄仍然呈流体)”等几种吃法。

美国的香肠(sausage)一般切成片状,但也有香肠圈(sausage link)卖。而美国的熏猪肉(bacon)制成狭长状的小块,吃起来发脆。

土豆常切成片状油炸之后就着煎鸡蛋和番茄酱吃。烙饼或薄饼(pancake),又叫“热饼”(hot cake),则是用发酵粉制成,一张张摞起来端上餐桌,吃的时候通常要抹上黄油(butter)或糖浆(syrup)。

吐司面包(toast)在端上餐桌前总是要抹上黄油。英国式松饼(English muffin)像没有洞的小烤饼(crumpet)一样,通常抹上果酱食用。果子冻(jelly)就是果酱(jam),如葡萄果子冻是非常美味可口的。软饼(biscuit)是一种小块的、如司康饼(scone)一样的面包圈。此外,同其他西方国家的人大体一样,美国人就餐时颈下胸前须垫有餐巾；拿刀叉的方式是左叉右刀；实行分餐制，大碗或汤锅里盛放的菜或汤要用公用的汤勺舀到自己的盘内，各吃各的，从不互相夹菜；用汤匙喝汤时不得发出任何声响；餐具上、嘴角边不可沾有食物碎渣或痕迹，因此需要不断用餐巾或餐巾纸擦拭；就餐结束时要将盘里碗内的食物吃净，不随意抛洒食物；招待客人时，讲究节约和实效，不喜好大摆宴席；饮酒随意，从不劝酒逼饮。当然，当代美国人已变得越来越不讲究餐桌礼仪，除了极为正式的场合，一般比较随意，不会逐条严格遵循上述准则。

与之相比较，中国人的就餐习惯有很大不同。中国人吃饭时用筷子和羹匙；传统的就餐方式是大家围坐在一起，从共同的碗碟里夹菜，不分餐；过去不用餐巾或餐巾纸，现在使用餐巾多是将它放在大腿至膝部位置；招待客人时，好大摆宴席，酒菜丰盛，而且东道主总要不断地往客人的碗盘里夹菜，劝吃劝喝，喜好劝酒逼饮；就餐结束时往往在碗盘里有意剩余些许食物、菜肴以示风度，吃得太过干净反倒容易被讥为“饿痨鬼”“没风度”。

莉奈尔·戴维斯这样评述：“宴席是一种高语境形式的交际。”举办宴席的目的是为了发展、巩固和更新人际关系。中国式宴席的内涵就蕴含在操办宴席的行为、食物的质量与数量、圆形餐桌的物理特性及就座紧密度、主宾的社会地位、赴宴者的人际关系以及举办宴会的事由等之中。如果预备了丰富的菜肴，而且这些菜肴都很昂贵，那么宾客就应该知道，他被给予了特别荣耀的款待。东道主可以为客人取食夹菜，不仅是为了鼓励客人多吃，也是为了表明主人正在全力以赴地迎合客人的欢心。受到惠顾的客人会被鼓励尽可能多地吃喝。

（三）饮食文化精髓

说到饮食文化，就不能不提到中国饮食，因为中国的饮食及其文化恐怕是世界各国中历史最为悠久、积淀最为丰厚、内涵最为博大精深的了。

1. 中国饮食文化的精神内涵

中国人自古以来就十分重视“吃”，素有“国以民为天，民以食为天”的古训。中国人生活中的大事小情，无论是喜事还是悲事，无论是富裕还是贫穷，无论是婚丧嫁娶、亲友团聚、逢年过节、迎来送往，还是儿女满月、老人做寿、店铺开业、乔迁新居，都离不开“吃”，从而形成了中国典型的饮食文化。

中国人的烹调技法也充分体现了古代中国人的“中和”理念。“中和”之美是中国古代传统文化在各个领域所追求的最高的审美理想。就饮食文化中的烹调技艺而言，这里的“中”是指适中，即烹饪时要掌握好“度”，既不可过咸或过淡、过辣或过酸，也不可过老或过嫩、过于油腻或过于清淡等；“和”字则是指调和，无论做面食或菜食，还是烹制羹汤，如面食的揉面、菜食的炒烩、羹汤的配制等，都需要采用适度的调和技法，才能保证烹制出美味的食品。据说，中国人最初的“天人合一”“以和为贵”“和而不同”以及“中庸之道”等修身、齐家、治国、平天下的思想理念都是萌发于古代中国人的烹调实践与饮食理论（王学泰，2006）。

2. 中国饮食文化的宝贵遗产

经过数千年的实践和积淀，中国的饮食文化积累了宝贵的遗产或财富，主要体现在烹调技艺和食物品种两个方面。

中国人历来重视饮食，这就必然导致他们对饮食包括食物品种、烹调技法等进行研究、探讨、总结。中国的烹调技术传承至今已经形成了不仅在全国各地闻名遐迩，而且在世界范围深受欢迎的北京、山东、淮扬、江浙、福建、广东、四川、湖北八大菜系，创造了爆、炒、煎、炸、蒸、煮、煨、炖、扒、焖、焐、烩、烧、烤、腌、熏等多种食品烹调制作方法，每一种又可细分为若干种技法。

中国人讲究烹调艺术，研究探讨烹调方法，创造了许多具有浓郁地域和民族特色的食物品种或菜式。中国人的烹调强调制作精美细致，追求菜式丰富多彩，注重荤素合理搭配，讲究“色、香、味、形”俱全，因而称之为“艺术”真是所言不虚。经过上千年的积淀,已经形成的具有各地地方特色的名菜、名小吃、名餐馆不计其数,如北京"全聚德"的北京烤鸭、"东来顺"的涮羊肉,四川的夫妻肺片、龙抄手、赖汤圆,重庆的重庆火锅,南京的桂花鸭、南京板鸭,辽宁的满汉全席,广东的龙虎斗等。

3. 中国饮食文化的语言映射

中国人高度重视饮食文化的理念与实践,对中国人的文化心理结构有着深刻的、潜移默化的影响。这种影响映射在语言中,突出体现在中国人的大众语汇中,即"吃"或"食"字被赋予各种引申含义以及感情色彩。例如,中国人曾把笃信天主教称作"吃洋教",把当兵叫"吃粮";而今被打嘴巴仍被叫作"吃耳光",受到冷落叫"吃闭门羹",被人追捧叫"吃香",非常走红叫"吃得开",依靠按月收取利息维持生活叫"吃息",年底分红叫"吃红利",收取非法的销售提成叫"吃回扣",得到好处叫"吃/尝到了甜头",受到损失叫"吃亏",欺负软弱的人叫"吃桃子专拣软的捏",把承受祖宗余荫叫"食德",把不讲信用叫"食言"。如此种种,不一而足。

英美人虽然远不如中国人这样重视饮食,但在其语言中也有用与"吃"相关的词语来表达引申含义的现象,尽管其数量远不及汉语。例如,eat/swallow one's words(认错/承认说了错话)、eat crow(被迫承认错误), eat humble pie(忍辱含垢赔罪), eat one's heart out(心如刀割/忧伤过度), eat somebody alive(摆布或宰割某人), swallow the bait(上钩/中圈套), swallow lump in our throat(喉咙哽住)等。

二、英汉饮食文化差异

(一)饮食命名差异

中国人给菜肴命名时的讲究很多,如名字要含蓄、温雅又吉利,还要注重联想功能,使用各种修辞手法寓情、寓意。总之,中国菜名中包含了很多历史文化信息。除少量的大众化菜肴以原料直接命名,相当一部分菜是以典故、景色、传闻甚至传世人命名的。归纳起来,中国菜名有三个典型的特点,即"实""虚""喻"。

体现中国菜名"实"特点的菜名如下面一些:成都火锅、广东龙虾、青椒肉丝、东坡肘子、北京烤鸭、湖南米粉。

体现中国菜名"虚"特点的菜名如下面一些:全家福、龙凤呈祥、年年有鱼、百年好合、独占鳌头、鸿运团圆、满掌黄金、鸳鸯戏水。

体现中国菜名"喻"特点的菜名如下面一些:蚂蚁上树、珍珠豆腐、水晶肴蹄、芙蓉鸡片、八仙过海、黑熊耍棍(木耳炒豆芽)、黄山一绝(一盘蕨菜)、桃园三结义(由白莲、红枣、青豆三种食物制作而成)。

西方菜名直截了当,往往一目了然,并且很少采用修辞手段。很多西式菜名直接采用原料+烹饪方法的命名方式,如水果沙拉、意大利比萨、炸薯条等。可见,西方菜名突出原料,取名方式虽然缺乏艺术性,但实用性较强。与中式菜名相比,西方菜名的典型特点就是"简"。下面再列举一些西方菜名,其中都体现了其"简"的特征。

shark fin 鱼翅

breast of deer 鹿脯

ham and sausage 火腿香肠

black pepper pork steak 黑椒猪排

French goose liver 法式鹅肝

Scotland mutton chop 苏格兰羊排

Australian fresh shellfish 澳洲鲜贝

(二)饮食观念差异

1. 中国饮食观念

中国人历来对饮食十分注重,在中国,有"民以食为天""食以味为先"的说法,中国人不仅讲究吃,而且追求美味,将美味作为评价食物的最高标准。

中国人注重吃,也非常喜欢吃,因此无论是什么场合,都能找到吃的理由,即婴儿出生要吃饭,过生日要吃饭,升学、毕业要吃饭,结婚也要吃饭等;一个人出了远门要吃饭,叫饯行;一个人归家也要吃饭,叫接风。

除了喜欢吃,中国人还非常注重吃的场合,还强调吃的是否美味。对于美味的追求,中国的烹调几乎达到了极致,这也体现了中国食物的独特魅力。中国烹调的美味讲究各种配料、佐料的搭配,只有做到五味调和,才能称为是美味的佳肴。这体现出中国感性的饮食观念。

中国烹饪对饮食的口感甚至上升到艺术的层次,对美味的追求达到了一种极致。可以说,中国的饮食观念是一种典型的美性饮食观念,追求一种难以言明的"意境",并通过"色、香、味、形、器"加以体现。中国饮食的独特魅力集中体现在味道上,中国食物的美味主要源自调和,也就是食物本身的味道、食物加热后的味道、配料和辅料的味道交织融合在一起,相互之间补充和渗透,这也是中国烹饪艺术的精要之处。中国追求美性的饮食观念与中国传统的哲学思想相吻合,正是中国哲学宏观、模糊而又不可捉摸的特点赋予了中国饮食追求"意境"、注重调和的特点。

2. 西方饮食观念

西方国家对吃是非常重视的,但是在吃的重要性与美味上与中国的饮食还相差甚远。西方哲学的主要特点是形而上学,反映在西方饮食观念上就是特别讲求营养。对西方人来说,饮食不过是生存的一种必要手段,同时是一种交际方式而已。因此,即便他们的食物比较单调,为了生存,他们也会吃下去。

另外,为了更健康地活下去,西方人对于吃的营养非常关心,讲究搭配的营养度,注重食物是否能够被自己吸收。这体现了西方人理性的饮食观念。正因如此,西方饮食以营养为最高准则,特别讲求食物的营养成分,如脂肪、碳水化合物、蛋白质等含量是否搭配合宜，卡路里的供给是否恰到好处，各种营养成分能否被充分吸收等。如果某食物单调乏味，但是为了营养和健康，西方人都会很理性地吃下去。

（三）饮食对象差异

1. 中国饮食对象

中国人的饮食与生存环境也有着密切的关系，决定了人们获得食物资源的种类。中国的饮食来源主要以种植业为主，畜牧业占小部分，因此中国人的饮食多为素食，辅以少量肉类。但是，随着中国经济的发展，中国的饮食对象在逐渐扩大，食物的种类逐渐增多，烹调方式也五花八门。这些都使得中国人对于吃是乐在其中的，并且不辞辛苦地追求美食的创新，将美食文化发展到极致。

总之，中国的饮食对象是非常广泛的，也是非常感性的，这与哲学上的“和”有着密切的关系，强调人与自然的和谐共处，强调“天人合一”。

2. 西方饮食对象

以美国为代表的国家主要以畜牧业为主，种植业较少，因此西方的饮食多为肉类或者奶制品，食用少量的谷物。西方的饮食往往是高热量、高脂肪的，但是他们讲究食物的原汁原味，汲取其中的天然营养。西方人的食材虽然富有营养，但是种类较为单一，制作上也非常简单，他们这样吃的目的不在于享受，而是为了生存与交际。可见，这也是西方理性哲学思维的展现。

（四）饮食程序差异

1. 中国饮食程序

中国的饮食对象非常广泛，烹饪方式繁多，因此烹饪的规则、程序也并不是唯一的，并且富有较大的变化。就比如说，“宫保鸡丁”这道菜，在中国不同的地方吃会吃出不同的味道，甚至味道的改变很大。在辅料上，中国的食物往往以“一汤匙”“适量”等来描述，这样就导致没有一个统一的标准，不同的师傅做出来的也必然有所差异。

在烹饪程序上，师傅往往会添加自己的聪明才智，也不会严格按照标准来烹饪，因此在中国的这片土地上产生了很多的菜系。为了追求味道的鲜美与独特，师傅们往往会根据季节、客人等将同一道菜做出不同的味道。

2. 西方饮食程序

西方的饮食强调营养，保持事物的原汁原味，在饮食对象上较为单一，他们吃的目的在于生存与交往，因此他们的烹调程序往往按照一套标准来完成。

相较于中国的菜谱，西方的菜谱整体上更为精确、科学，调料的添加、烹饪的时间都是有规定的，甚至他们厨房中都配有量杯、天平等，这样才能保证食物与配料添加的比例。正如肯德基、麦当劳，无论你在世界上任何一个地方吃，都会吃出一个味道，这是因为他们是严格按照世界通用的标准来烹饪的，这套方法做出的食物几乎保持了食物本身的味道。

(五) 饮食习惯差异

1. 中国饮食习惯

在饮食习惯方面，中国人吃饭时常采用圆桌与合餐制。换句话说，所有的食物，不管是主食还是副食，不管是热菜、冷菜还是汤，不管是甜点还是水果等，都放在桌子中间供大家共同享用。这种圆桌可以从形式上创造一种团结、礼貌、共趣的气氛。同时，中国人会根据用餐人身份、年龄、地位等分配座位，在宴席上人们也会互相敬酒、互相让菜，给人以安静、祥和之感。这既体现了人们之间相互尊重、礼让的美德，又符合中华民族“大团圆”的普遍心态，还便于人们直接相互交流，促进感情。总之，中国哲学思想中对“和”“合”的倡导很好地贯彻在了饮食习惯中。

可见，这一理念符合中国人的“民族大团圆”，也体现了用餐人“团结、礼让”的美德。中国人重视集体观念，强调全局，因此导致了这样的饮食习惯。

2. 西方饮食习惯

西方人对于自助餐非常钟爱，食物一次排开，大家根据自己的需要索取，选择自己喜欢的食物，这方便在家随时走动，也是促进交往的表现。可见，西方的这种饮食习惯讲究实体与虚空的分离，他们尊重个体，注重形式结构，是个性突出的呈现。这也是自助餐在西方流行的根源。

（六）餐具环境差异

1. 中国饮食环境

由于中国人的饮食对象非常广泛，烹饪方式五花八门，加之用餐时喜欢采用圆桌制，因此非常适合用筷子，因为筷子虽简单，但几乎能应付一切食物。可以说，筷子是中华饮食文化中非常重要的一种标志。此外，中国人用餐十分注重氛围的营造，喜欢热闹场面，因此吃饭或喝酒时往往喜欢大声说话，将热闹的氛围烘托出来。

2. 西方饮食环境

如前所述，西方人主要食物为肉类，又实行分食制，因此刀叉是最好的选择。他们在宴请宾客时，也追求浪漫的情怀，因此讲究安静的环境。在宴会期间，人们不会大声喧哗，在咀嚼食物时不会发出任何声音，这样给人一种优雅的感觉。同时，敬酒只是意思一下，不会碰撞，也不会劝酒，否则会被人视为没有礼貌。

三、英汉饮食文化翻译

（一）中国饮食文化翻译

中式菜肴名称的翻译，首先应该让食者了解菜肴的原料和制作方法，其次要反映出菜肴的特点。根据中式菜肴的特点，人们一般采用以下几种方法翻译。

1.“写实”型菜肴名——直译

翻译时一般采用直译法，直接译出该菜肴的原料、烹调方法以及菜肴的特点，即“烹调法 + 加工法 + 原料（主料 + 配料 + 调料）”。例如：

（1）烹调法 + 主料名。

炸虾球 fried prawn balls

炒豌豆苗 fried pea shoots

炸春卷 deep-fried egg rolls

烧鹅 roast goose

叉烧肉 barbecued pork/roast

烤乳猪 roast suckling pig

炒腰片 fried sliced pig's kidney

涮羊肉 instant boiled mutton

香熏鱼 smoked spicy fish

煎咸鱼 fried salted fish

白切鸡 steamed chicken

咸牛肉 salted beef/corn beef

煨牛肉 simmered beef

蒸螃蟹 steamed crab

炒蟹肉 fried crab meat

白灼螺片 fried sliced whelk

五香兔肉 spiced hare

脆皮锅酥肉 deep fried pork
炸鳜鱼 fried mandarin fish
清蒸全鱼 steamed whole fish
(2)烹调法 + 主料名 + with + 配料。
酿豆腐 beancurd stuffed with minced pork
油焖笋 stewed bamboo shoots with soy sauce
香菇蒸鸡 steamed chicken with mushrooms
糖醋排骨 spareribs with sweet and sour sauce
红烧牛尾 stewed ox tail with brown sauce
红烧鲤鱼头 stewed carp head with brown sauce
红烧青鱼 stewed black carp with brown sauce
奶油鱼肚 fried fish with cream sauce
草菇蒸鸡 steamed chicken with mushrooms
干烧明虾 fried prawns with pepper sauce
(3)烹调法 + 主料名 + with/in + 配料名。
冬笋炒鱿鱼 fried squid with fresh bamboo shoots
笋尖焖肉 simmered meat with bamboo shoots
腐乳汁烧肉 stewed pork with preserved bean curd
砂锅栗子鸡 stewed chicken with chestnuts in earthen pot
荷叶粉蒸鸡 steamed chicken in lotus leaf packets
蒜头烧黄鳝 stewed finless eel with garlic
(4)烹调法(+加工法)+ 主料名 + with/in + 调料名。
洋葱牛肉丝 fried shredded beef with onion
红烧狮子头 stewed minced pork balls with brown sauce
青椒牛肉丝 stir-fired shredded beef with green pepper
雪菜炒冬笋 fried cabbage with fresh bamboo shoots
炒鳝丝 fried shredded finless eel
碧绿鲜虾脯 fried minced shrimps with vegetables
蟹肉海参 fried sea cucumbers with crab meat

（5）烹调法（+加工法）+主料名+and+主料名。

虾仁扒豆腐 stewed shelled shrimps and bean curd

凤肝虾仁 fired shelled shrimps and chicken liver

甲鱼裙边煨肥猪肉 stewed calipash and calipee with fat fork

2.“写意”菜肴名——意译

中式菜肴名称中还有相当一部分是“写意型”的。例如：

龙凤会 stewed snake & chicken

游龙戏凤 stir-fried prawns & chicken

雪积银钟 stewed mushrooms stuffed with white fungus

玉皈禅师 stewed potatoes with mushrooms

蚂蚁上树 bean vermicelli with spicy meat sauce

一卵双凤 chicken steamed in water melon（two phoenix hatched from one egg）

3.半“写实”半“写意”型菜肴名——直译+意译

这类菜名有一部分是根据菜肴所采用的原料、加工方法以及色香味形的特点取个“写意”的名字。对于这类菜名的翻译，一般采用直译加意译的方法，将菜名的寓意翻译出来。例如：

三鲜汤 soup with fish, shrimp and pork balls

木须肉 fried pork with scrambled eggs and fungus

生蒸鸳鸯鸡 steamed frogs

雪耳氽袈裟 scaled white fungus with veiled lady

凤爪炖甲鱼 steamed turtle and chicken’s feet soup

红烧四喜肉 braised brisket with brown sauce

红烧狮子头 braised minced pork bails with brown sauce

三蛇龙虎会 fricassee snake and cat

百花酿北菇 mushrooms stuffed with minced shrimps

红烩虎皮鸽蛋 boiled and fried pigeon eggs, stewed with brown sauce

4. “典故”型菜肴名——直译 / 意译 + 解释

在中式菜肴中，有一部分是某个人始创，或与某个人有关，因此以这个人的名字命名菜肴，如“东坡肉”“叫花鸡”等；还有一部分则是与某个历史故事或传说有关而直接以该事件或传说而命名的菜肴，如“大救驾”“佛跳墙”等。这类菜名一般按照以下方法翻译。

（1）以人名 / 地名命名的，人名 / 地名用音译，菜名用直译的方法。例如：

东坡肉 Dongpo braised pork

宋嫂鱼羹 Sister Song's fish potage

北京烤鸭 Beijing roast duck

西湖醋鱼 West Lake vinegar fish

炒罗汉斋 stewed vegetables “Luohan Zhai”

宫保鸡丁 fried diced chicken in Sichuan style

成都仔鸡 stir-fried spring chicken in Chengdu style

东江酿豆腐 beancurd stuffed with minced pork in Dongjiang style

白云（宾馆）香液鸡 boiled chicken with spicy sauce in Baiyun Hotel

（2）有些菜名是以传说、典故命名的，则按照“写实型”菜名的译法直接译出该菜肴的原料及烹调方法，然后用括号加上该菜名的直译和解释。例如：

佛跳墙 assorted meat and vegetables cooked in embers（Fotiaoqiang—lured by its smell, even the Buddha jumped the wall）

大救驾 Shouxian County's kernel pastry（Dajiujia—a snack that once ca/lie to the rescue of an emperor）

叫花鸡 baked mud-coated chicken（beggar's chicken）

（3）药膳型药名“简译 + 注释”。药膳是中国古代传统饮食疗法的一种。药膳的翻译，不仅应该译出菜肴的原料和烹调方法，还应该简要说明主要的药理作用，以体现出药膳的风味和功效。例如：

天麻炖山鸡 stewed pheasant with herbs（with the function of preventing dizziness and curing headache）

双鞭壮阳汤 ox-tail soup（with the function of being more energetic）

（二）西方饮食文化翻译

1. 西方菜名的翻译

针对西方菜肴名称的翻译，不同的人有不同的观点。一些人提倡采用归化法，即用中国菜名来替代西式菜名，如将 spaghetti 译为“盖浇面”。也有一些人反对这种翻译方法，认为这样翻译并不妥当，虽然中西方的这两种食物在外形上类似，但无论是原料还是味道都不相同，因此这样翻译并不准确，而且容易误导人们。对此，有些人建议采用直译与意译相结合的方式来翻译西方菜名。例如：

Alvin salad 阿利文沙拉

American fillet mignon 美式牛柳扒

apple pie 苹果派

Brownie chocolate 朱古力布朗尼

corn soup 粟米浓汤

grilled chicken 香煎鸡扒

India chicken curry 印度咖喱鸡

Russian borscht 罗宋汤

shrimp toast 鲜虾吐司

spaghetti bolognaise 肉酱焗意粉

vanilla pudding 香草布丁

vegetable curry 什菜咖喱

2. 西方酒文化的翻译

相比较而言,西方人饮酒的礼俗没有中国人复杂,因此这里仅重点对西方酒名进行翻译。具体而言,西方酒名可采用以下几种方法。

(1)直译法。有些酒从其酒名的字面意思就可以理解该酒的含义,在翻译这类酒名时可以采用直译法。例如:

Four Roses 四玫瑰

Queen Anne 安尼皇后

Royal Salute 皇家礼炮

Snow Ball 雪球

White Horse 白马

(2)音译法。音译法是西方酒名翻译最常使用的方法,是指模仿酒名的英文发音而进行汉译的方法,这种译法通常适用于原商标名不带有任何含义的情况。例如:

Bacardi 百家地

Brandy 白兰地

Bronx 白朗克司

Carlsberg 嘉士伯

Daiquiri 得其利

Dunhill 登喜路

Hennessy 轩尼诗

Long John 龙津

Martini 马丁尼

Pernod 45 潘诺 45

Richard 力加

Rum 兰姆酒

Vodka 伏特加

Whisky 威士忌

(3)意译法。意译法也是西式酒名翻译中较为常见的一种

手法,如“鸡尾酒”就是一个意译酒名的佳译。再如:

Amaretto Sour 杏仁酸酒

Foster's 福士啤酒

Grasshopper 绿色蚱蜢

第三节 英汉建筑翻译的跨文化传播视角研究

本节将在对比分析英汉建筑文化差异的基础上探讨它们的翻译。

一、建筑文化解析

(一)中国建筑风格

中国传统民居中的四合院就非常注重中轴线和对称性,房屋和院落按南北纵轴线对称布置。大门多位于住宅东南角。分内、外院,内院坐北朝南一排正房,居中为贵,供长辈居住,左右附有耳房小跨院,供作厨房、堆杂物、厕所之用。西厢,建在正房右面,为年轻女性居所。东厢,建在正房左面,为年轻男性居所。周围以走廊联系。住宅四周,由各座房屋的后墙所封闭。中国的这种传统的四合院式结构不仅表现了“天人合一”的宇宙观,同时还体现出传统的社会制度、伦理观念,如宗族组织及家族成员之尊卑次序。四合院布局之所以成为我们国家最普遍的居住结构,其原因之一就是这种布局方式使尊卑长幼、男女主仆之间体现出明显的区别,最适合传统的宗教礼制制度。

在中国传统文化的背景下,横向建筑还有调和人与自然、黑暗与光明、生与死的界限等特点。其实,建筑本来就是人与自然相对立的产物,是把自然的东西转化为文化的东西的典型代表。但是,选择横向建筑形式,建筑线条柔和,不过分渲染和突出建筑的非自然特点,同时又配以纯天然的木材作为主要的建筑材料,就体现了中国人温和、务实的性格倾向。[①] 不管走到华夏大地的哪个地方，无论是城市中的老城区，还是广大的农村，你都会发现，横向式的建筑几乎是唯一的一种建筑形式。

中国人的宇宙观念也体现于居住之中。中国的建筑强调空间主义和周围自然环境的联系。木构架的抬梁式建筑使这一特色得以充分发挥，通过镂空的窗门和外部自然沟通交流。

（二）西方建筑风格

西方建筑指的是从古希腊一直到19世纪的西方古典建筑。古希腊时期的文明多以神话传说为主，为了祭拜神灵，与神灵交流，寻求庇佑。古希腊人强调"人神合一"，因此其建造了很多气势庞大的神殿，认为神与人一样，有着七情六欲。崇尚暴力是古罗马帝国最重要的特点，因此其在建筑上也有所体现。古罗马帝国的宫殿与贵族的府邸都是世界建筑师的精彩篇章。古罗马帝国还修建了很多公路网络，也修建了多个竞技场、斗兽场等。为了解决饮水问题，古罗马人还修建了水渠。17世纪的欧洲出现了新一轮的建筑高潮。这一时期的建筑风格也非常奇特，不惜采用贵重的材料，彰显装饰之美。由于巴洛克风格下的教堂都较为神秘，并且是神秘感与财富的彰显，因此很快在欧洲与美洲盛行。

西方建筑呈现几何线条，是敞开的，有秩序的，如广场的设计，这是非常开放的，其与建筑构成一个有趣的图画，并且与城市环境相融合。当然，广场是整个建筑的附属，真正居于主体的是广场中间的其他建筑。

二、英汉居住文化差异

（一）建筑材料差异

分析中西方的建筑材料不难发现，中国建筑多以土、木作为

① 王娟．民俗学概论[M].北京：北京大学出版社，2002：250.

主材料，而西方多以石作为主材料。

1. 中国以木为主

在中国传统建筑中，木质材料为主要的建筑材料，并且占据主要的位置，其他材料都作为辅料。受儒家思想的影响，中国主张“仁”的精神，而木材恰好能够体现出这一思想的深邃、坚韧与缜密。

就建筑形式与建筑材料的搭配来说，木料结构的搭配更加适合中国的广阔、平整、高大建筑风格。木质结构的运用恰好体现了木质结构体系，也是中国古代建筑最为突出的特点。

这种木质结构的建筑有很多优点。

第一，具有优良的防震能力。

第二，木质结构选材取材具有极大的便利性。比起开山取石，木材取材更加方便，并且也减少了建筑时间。例如，修建北京故宫历史记载用了 13 年，但大部分时间都是为了取材，实际建筑时间还不到 5 年。

2. 西方以石为主

西方人多由山洞人进化而来，他们对石头有着特殊的感情。欧洲最初出现的石头建筑就是位于英国苏格兰的史前石屋，其外形看起来像树枝棚，但实际上这些树枝就是由最初的穴居山洞演进而来的。

英国建筑中的哥特式建筑有着重要的地位，其继承了罗马建筑的精髓——砖石艺术，在石头的运用上达到了较高的水准。同时，这些哥特式建筑将石头赋予了人类的气息，传达出一种“人化的自然或自然的人化”境界。这些精美的石头展现出了设计师高超的技艺，也是人的身体的代表，是一种意志、情绪的呈现，是理性与非理性的交融。

因此，中国的木材建筑体现出儒家的“天人合一”的思想，是当今“和谐社会”的一种体现。在分析西方文化时，建筑融入了很多艺术气息，也更为自由化与人性化。这种自由化与人性化也在整个民族的性格中有所呈现。

（二）建筑本位差异

分析一个国家建筑的演变不难看出，建筑往往随着国民文化的发展而不断发展。并且，建筑类型也会置于建筑领域之上。受民族思想的影响，中国的建筑以宫室为本，而西方的建筑以宗室为本。

1. 中国的宫室本位

中华民族的思想源于对自然中山地日月草木的一种崇拜，其中畏天思想是非常突出的。对自然的崇拜最初的体现就是筑坛植树。后来，受古代思想的影响。道观、佛寺等纷纷出来，这也是对宫殿建筑的一种模仿。

宫室本位的建筑是中国建筑的主流，中国古代的君王提倡奉天承运，具有绝对的权威性，因此享受无限的尊严与至高的地位。天子除了对臣民有生杀予夺的权利外，最主要的还是对万事万物的负责。

2. 西方的宗室本位

西方建筑追求宗室本位，英国伦敦的圣保罗大教堂就是最为典型的代表。教堂代表的是人们的精神，是神圣不可侵犯的。这种哥特式的教堂往往呈现灵动、奔放的力量，线条的直升，空间推移的奇突，光线的色彩斑斓等，形成一种“非人间”的境界，给人以神秘之感与冲击力，将人的意念带到“天国”。

（三）建筑形态差异

建筑材料与建筑本位的差异，导致中西方建筑形态形式的不同，形成了各自的建筑风格。

1. 中国讲究中轴对称、外合内开

自古以来，中国人追求“天人合一”，在建筑风格上也必然体

现这一思想，无论是建筑功能，还是建筑结构形制，都是“天人合一”思想的呈现，即中轴对称、外合内开。在具体的布局上，也是院子与院子相连接，到达意境与内敛融合的效果。这可以从古代的宫廷建筑中看出来。

在特定空间环境内，中国的建筑往往以某一个核心建筑作为主体，运用特定的方法向周边建筑拓展，然后再定位这些建筑的具体功能，形成建筑群，并且在轴线上也是对称的，保持一种完整性。

2. 西方讲究凸显个体与功能

在建造的初期，西方建筑就对功能性非常强调，一些建筑形式都首先考虑的是其功能。当确定了功能之后，往往会在建筑内部进行细腻的空间分割，建筑形式多为单体形式。

与中国的建筑风格不同，西方国家的建筑凸显个体风格，重视人与自然之间的关系，为了凸显个体的设计理念，建筑往往多具有磅礴与高大雄伟的气势。

（四）建筑空间差异

从形式上可以看出，中国建筑文化较为内敛，而西方的建筑文化更为开放，表现在空间层次上可以归结如下。

1. 中国的秀丽性与轻灵感

在中国的建筑中，院落是其中的主体元素，无论是官家的轴线院落，还是园林的错落院落都是其最好的呈现。建筑中的院落空间是围合状态下的封闭空间，院落居于主体，周围以院落为中心来布置，体现的是一种表意的精神层面。

2. 西方的几何美与秩序性

在西方建筑中，广场是最具有特色的建筑，其与其他形式的建筑紧密结合，充分与城市环境相融合，是西方开放性文化传统的体现。西方的每一个大城市的建筑都是以广场作为空间标志，周边以不同功能的建筑环绕，体现出广场空间的主导地位，是建筑主体的一部分。

（五）建筑形制差异

建筑是历史的见证，也是文化的标志，随着历史的变迁，中西方基本建筑形制也在不断改变。下面就来介绍一些富有代表性的建筑。

1. 中国的基本建筑形制

建筑形制即建筑的模式与形状。受我国两千多年封建社会与农业文明的影响，我国的社会格局与伦理道德几乎变化很小，整个社会趋于稳定，这导致中国的建筑形制较为稳定。

（1）丰富多彩的民居建筑。中国有着丰富的民族、广阔的地域，传统民居丰富多样、种类繁多。

其一，北京四合院。在中国古代的民居建筑中，北京四合院是最为典型的，这种建筑风格与我国的宗族制度相关，也体现出封建社会的家庭等级制度，是中国古代文化的代表形式。

四合院的种类很多，到了明清时期，无论是材料的选择，还是结构的布局，都已经固定成型。由于不同家族等级不同，财富拥有的多少也不同，因此四合院的大小也存在差异。

一般来说，北京四合院呈现三进四合院，这是最为典型的制式，这种建筑以一条严密的南北向的中轴线为中心，宅院的门大多位于东南角，有“紫气东来”的意味。进入一个宅院，迎面呈现的是一块影壁，并且配有砖雕等饰物，旁边以盆栽花卉环绕，给人以家族兴旺的气息。就空间艺术上说，转弯抹角是对宅院的一种含蓄的描述，因为转弯的目的是防止煞气的进入，并且含有家丑不可外扬的意思。

进入宅院室内，一般比较狭小，南侧为一排朝北的房子，为“侧座”，一般供仆人使用，也可以留客过夜。除了用来住宿外，这些房子也可以放置杂物。小院北边有一垛墙，正中有一扇垂花门，门内为主院，也是大院，院内有大量草木花卉。主院一般坐北朝南，最大的一间为家主的房间，旁边配有书房、客厅等，两侧还有小跨院、厢房，用于晚辈的住宿、小客厅、小书房等。在各个院落的连接处有廊道，即便雨天也不会淋湿。

正房之后还有小院，一排有罩房，为女佣的住所以及库房。整座院落的外围都是封闭的，以保证安全和宁静。这符合古代的礼数，妇女不能随便到外院，客人也不可以随便进入内院。

另外，室内门窗、檐柱等配有各种饰品，通过这些饰品，保证室内的空间具有丰富的层次以及虚实有致的空间。

其二，江南水乡民居。这类建筑也属于中国比较有名的建筑形制。

陈宅是苏州著名的民居，这座住宅的基本结构类似于北京的四合院，也呈现中轴线的设置。大门进去之后，正对面为轿厅，这是一进院落。转弯入内院为二进院落，然后是三进院落，有小院和东西披屋，后面为最后一进院落。这样共四进院落，东边可以称为“避弄”，每一个院落都有一个小门，“避弄”不仅可以直达整个院子的后门，还可以直通边门，这样的设计是非常方便的。当然，从实用角度来说，“避弄”的设计主要是为了防火与避客，每逢家中有宾客到来时，家里的妇人是需要躲避的。

陈宅的两侧有河流，西南角有小桥流水，这是典型江南水乡的体现。

其三，四川民居。四川，在古代称为“巴蜀”，巴山巫峡，地势较为险峻，高低起伏，因此这一代的建筑都是考虑地势而兴建起来的，呈现高低错落之感，最具有代表性的就是吊脚楼。所谓吊脚楼，即在坡地上兴建房屋，用悬挑的方式加大进深之处，一半在坡地上，一半悬挑出平面，是一种双层楼房。

四川盆地地势较为平坦，民居的形式与长江中下游地区没有多大的差别。但是，特殊之处在于四川人喜欢用天井的数量对规模加以计算，某一家只要说出需要几个天井，那么就可以看出这家人的多寡以及家业的雄厚。

由于四川地区景色优美，峨眉山一带的民居上也往往建设有冲楼，即小书阁，结构较为简单，周边景色宜人，开窗远眺，给人一种心旷神怡之感。

综合来说，四川民居与地势有着密切的关系，因此建筑方式也大体可以分为如下六种。

“台”，用于坡度陡峭的地方，如同梯田一样，将坡面层层剖开，进而一层层升高，形成广阔的平台，在平台上建筑房屋，一个平台一个进院。这一建筑形式在四川地区较为普遍。

“挑”，即用于地形狭窄的地方，在楼层处兴建挑楼式的挑廊，用于对室内的空间进行扩大。一般来说，这种住宅形式在城镇较多，尤其是沿街的房屋。

“拖”，即用于地形较为平坦的地方，将建筑物按照垂直于等高线的方向来建造，这一做法适合建造厢房，屋顶也呈现阶梯形状，显得更为美观。

“坡”，即房屋按照垂直于等高线的方向顺坡度来建造，坡度比上面一种方式更为平坦，屋面给人一种整齐之感。

“梭”，即房屋的屋顶向后方拉长，形成前面高、后面低的情况，多用于厢房的建设。这一部分建筑多用于堆放杂物或者饲养牲畜。

“吊”，就是吊脚楼。

（2）城市的文化品位。说到“城市”，人们肯定想到的是文明的标志，而城市最早形成于夏朝时期，因此这里所说的城市也是古代的城市。

其一，北宋都城东京。东京就是今天的“开封”，开封有着悠久的历史，很多朝代都在此建造都城，因此被称为“七朝古都”。

公元前 4 世纪，魏惠王迁都大梁，当魏被秦朝灭亡之后，这座城池开始衰落，直至隋代，由于运河的开凿，这座城池又开始繁荣起来。唐代安史之乱，长安、洛阳受到破坏，而开封则得到进一步的发展。五代时期，除了后唐，其他四代都建都开封，这时候已经称为“东京”。

北宋开国的初期，关于建都问题，一些大臣有过争论。很多人主张建都洛阳，但是当时的洛阳已经残破不堪，因此不得不建都开封。由于开封没有险要地势守护，因此朝廷对于城防工程非常看重。中心为皇城，是皇帝朝政与生活的地方，周围城墙十分坚固，用砖石砌成。

在皇城之外，有内城，是东京的精华，除了有政府机构，还有酒楼、商店、庙宇、住宅等，是十分繁华的地方。在内城之外即为外城，外城的街道布局以宫城作为中心，构成辐射式与方格式的结构。城四周有河道，是主要的交通与商业贸易区，可用于饮水与浏览。

其二，明清时代北京城。在元代，北京称为“大都”，后朱元璋在南京建都，大都因此改名为“北平”，明成祖朱棣夺取政权，将“北平”改为“北京”，并将都城迁至于此。清兵入关之后，仍旧将北京作为都城，直到现在。

在明清时期，北京城分为三重：皇城、内城、外城，皇城中包含紫禁城。皇城位于内城的中间靠南的一侧，南部有大明门，两角有长安左门与长安右门。东部有T型广场，设置有礼部、吏部、户部等中央机关。西部有总督府、太常寺等。北部为皇城的正门承天门，清朝称为“天安门”。天安门前面有金水桥、华表石狮等装饰。

北京城布局非常严谨，也呈现横平竖直的理念，东西大道与南北大道交错呈现，中间有胡同拼接，可曲可直，交通非常方便。北京皇城非常雄伟壮阔，高低错落有致，给人以繁荣有序、金碧辉煌之感。

（3）典雅秀美的园林艺术。中国有着典雅优美的园林艺术，其始于西周时期，之后各个朝代对于园林建筑都非常重视。到了明清时期，园林建筑达到顶峰，呈现的是一种人与自然和谐的韵味。

其一，皇家园林中的瑰宝——颐和园。在我国的皇家园林中，颐和园是最具有代表性的园林，并且被保存得很好。颐和园建造的地方在金朝是皇帝的行宫，到了明代建设为皇家园林。

颐和园的规模非常巨大,面积为290公顷,并且一半以上为水面,陆地既包含平地,也包含山峦,万寿山为颐和园的主峰。在颐和园内有四个景区。

朝廷宫室,包含东宫门、仁寿殿、供应房、住宅等。主殿为仁寿殿,是皇帝处理政事、召见臣子的地方,皇帝居住地为乐寿堂。

万寿山前面部分,有一个堪称世界第一廊的长廊,檐柱绘有彩画。

万寿山后面山区部分,其最高的建筑是佛香阁,也是颐和园的主要景点。

湖区,包含昆明湖、西湖、南湖等,占总面积3/4。其中著名的还有十七孔桥、八角亭、龙王庙等。湖区给人以自然风韵之感,也彰显了帝王家的气息。

其二,私家园林中的璀璨明珠——苏州拙政园。拙政园位于苏州的东北方向,建造于明朝,是御史王献臣的私家园林。从私家园林的角度说,苏州拙政园是面积最大的,其主要以水景为主,园内多有水池,并且楼台亭榭居多,给人以明晦之感。

拙政园以水景为主要核心,分为三个部分:东部、中部、西部。中部园区为整个拙政园的主体部分,水池的占地面积为1/3,构造主要围绕水池,水池的南侧有楼台亭榭,北侧有林木山水,入口处在中部园区的东侧,称为“东半亭”,亭子的前面有小石桥,是明代遗留下来的,经过小石桥不远处,为拙政园的主体建筑——远香亭,四周以圃廊环绕,给人以错落有致的感觉。在远香亭的北部有石头铺成的平台,水池中间有用土石垒成的小岛,这样山水交融,手法是非常独特的。远香亭的西部有四面亭,四周有荷花环绕,到了仲夏季节,柳树随风摇曳,荷花绽放,清香四溢。亭子有六角,呈现攒尖式,给人以空灵的形态。水池的南面有一旱船,形式类似于花坊,后舱部分建有一个阁楼,通过这阁楼,可以观看整个拙政园的景色。

2. 西方的基本建筑形制

下面来看一些比较典型的西方建筑。

(1)古希腊建筑的辉煌创造——巴特农神庙。在古希腊时期，航海与经商的天然港口就是雅典城。之后，雅典经过了多场战争，百废待兴，到了伯里克执政的时期，他开始广纳建筑良才，重振雅典城，这一时期，艺术与哲学达到了一个空前繁荣的局面。在黄金时期，雅典新卫城的主要建筑有巴特农神庙、厄勒克西奥神庙、胜利女神尼开神庙。其中巴特农神庙是为了供奉雅典娜女神修建的，因此是最辉煌的建筑。

巴特农神庙修建于公元前447年，是一座长方形形状的庙宇，外面竖立着雅典娜女神铜像，其是雅典城最高的标志。但是，现在这座铜像已经不复存在。

整个巴特农神庙采用的是围柱式的结构，四周有17根主柱，庙宇为70m×31m，与黄金分割的审美标准是相符的。同时，庙宇以白色大理石作为建筑材料，用镀金青铜作为建筑的装饰物，给人以高贵华丽之感，并显得更加壮实有力。

巴特农神庙的全部雕塑一共包含三个部分。

第一部分为人字墙上的雕像，位于东西两角，以浮雕相称。

第二部分为雅典娜与波塞冬争夺雅典保护神的雕像。

第三部分为“命运三女神”雕像，其以生动的姿态、富有生命力的躯体，给人一种血液流动的感觉，也表现出雕塑家对人体的了解与精湛的技术。

(2)哥特式建筑的典范——巴黎圣母院。巴黎圣母院是哥特式建筑的典范，是最具有艺术价值的一座教堂。整座教堂的墙壁、窗棂等都是用石头雕刻而成的。

巴黎圣母院由三座殿堂构成。正门的建筑从上到下可以划分为三层，在顶部有两座钟楼，对称摆放。其中的浮雕都取材于《圣经》中的故事。

巴黎圣母院最精彩的部分是屋顶、塔楼与扶壁，其顶部多为尖塔式样，门窗为尖拱形，如同一个直逼蓝天的箭头。内部的扶壁给人以灵巧之感。如果你站在里面，仰头会给你一种腾空之感，如同进入天国一般。当阳光照射入内，室内光影柔和，俨然一种虚幻之境。

（3）古典主义的杰作——凡尔赛宫。凡尔赛宫是17世纪古典主义的园林杰作，其原本为路易十三的猎庄，但经过不断的发展与后代人的建设，现在成了西方世界最大的园林，也是古典主义的代表。

凡尔赛宫的中轴线长达3公里，是全局的统帅，西面是轴线式的设计，凸显层次性。道路呈网状式，是对中央集权制度的图解，一座花园与宫殿的西墙贴近，中央设置一对水池，可以鲜明地映衬出宫殿的明丽色彩。在水池台地的南北，配有图案式的花坛，北侧的花坛之外设有喷泉小径，南侧的花坛之外设有台阶，台阶下有花圃，以橘树的种植为主，再外侧是一片湖，给人以开阔之感。

在水池台地的西面，有一个圆形大水池，中间立着太阳神阿波罗母亲拉动纳的雕像，拉动纳一手护着阿波罗，一手为他遮挡喷泉水珠。在喷泉西部，有一块草地，两侧有白色石像，都配有神话人物。石像之外被划分为12个区，每一个区包含一个主题。总之，整体给人以幽静之感，大小也设置得非常适度，展现出法国的浪漫情怀。

三、英汉建筑文化翻译

（一）中国建筑文化翻译

1.约定俗成法

中国是一个世界闻名的古国，拥有的古典建筑有很多。很多学者对这些古典建筑进行过研究与翻译，随着时代的进步，这些翻译逐渐固定下来，成为约定俗成的表达。例如：

园林 gardens and parks

颐和园 the Summer Palace

四合院 quadruple courtyards/courtyard houses

水榭 waterside pavilion

木雕 wood carving

壁柱 pilaster

亭 kiosk

碑铭 inscription

2. 直译法

我国文学名著中有很多关于建筑的描写，现以其为例，对建筑描写的翻译进行研究。对于描述类的中国建筑，有些采用直译法。直译的目的不仅是将原文的意义准确传达出来，还是为了对原文语言形式如句子结构、修辞手法等的保留。对中国建筑文化进行直译有助于让译入语读者了解中国传统建筑文化的魅力。

北京宫殿又称“紫禁城”，呈南北纵长的矩形，城墙内外包砖，四面各开一门，四角各有一曲尺平面的角楼，外绕称为“筒子河”的护城河。

Beijing Palace, also known as “the Forbidden City”, showed a rectangle with a north-south longitudinal length. City walls covered by bricks, pierced by a gate on the four sides and decorated by a flat turret in the four comers are surrounded by a moat called “Tongzihe River”.

原文是对紫禁城的描述，译文直接采用直译技巧，让译入语读者通过语言来描绘出头脑中紫禁城的形象，勾勒出一幅紫禁城图，进而了解中国的建筑与自身国家的建筑的差异性。

3. 音译加注法

中国的很多建筑有着悠久的历史，并极具特色，很多术语对于外国人也是闻所未闻的，如果在翻译时不进行特殊处理，那么会让译入语读者不知所云，也就很难实现翻译的目的。在翻译这类词时，译者应该从源语文本考量，本着传播中国建筑文化的目

的,采用音译加注的方式来处理。例如:

高大的承天门城楼立在城台上,面阔九间……

The tall and noble Chengtianmen Rostrum stand on the platform with a nine Jian (the distance between two columns: often used in descriptions of ancient architecture)...

"间"是中国传统建筑术语,即四根木头圆柱围成的空间,但是这个字对于西方建筑并不适用,西方建筑往往采用的是"平方米"。对于二者的换算,当前还没有踪迹可寻。因此,最好的翻译方法就是直接翻译为"间",然后在后面添加解释。

4. 意译法

英汉两种文化之间有着较大差异,为了缩小这种差异,在翻译中国建筑文化时就可以采用意译法,即译出原文大意即可,这样便于西方读者理解中国建筑的文化内涵。例如:

黛玉便令将架摘下来,另挂在月洞窗外的钩上,于是进了屋子,在月洞窗内坐了。

(曹雪芹《红楼梦》第三十五回)

Daiyu made her take the perch down and hang it on a hook outside the moon window, then went inside and sat down by the window...

(杨宪益、戴乃迭 译)

(二)西方建筑文化翻译

由于西方建筑文化中的很多常用语在汉语中都有对应的表述,因此在对这些内容进行翻译时可采取直译法。例如:

abutment 桥台

anchorage block 锚锭块

architecture 建筑

bearing 承载力

cure 养护
ear 吊钩
masonry 砌体
mortar 砂浆
pier 桥墩
refuge 安全岛
reinforced concrete 钢筋混凝土
sandwich board 复合夹心板
glass 玻璃
clinkery brick 缸砖
common brick 普通砖
facing brick 铺面转
cellar 地下室
chimney 烟囱
corner 墙角
curtain 窗帘
door 门
fireside 壁炉
floor 楼层
log 圆木
pillar 柱 / 柱脚
stair 楼梯
tile 瓦
wall 墙
window 窗户
woof 屋顶
garden 花园
grass 草地

总体而言，英汉习俗文化寓意丰富，而且差异显著，体现了英汉民族的文化特色、审美心理、价值观念等。对它们进行翻译，有利于英汉民族的人们更好地相互了解和沟通，对此译者需要采用恰当的方法，准确翻译和传达英汉习俗文化。

第八章　翻译与中国文化传播的理论探析

作为一个拥有56个民族的统一的多民族国家,中国人民在长期生产生活实践中创造了丰富多彩的文化遗产,而这些文化遗产是中华民族的明信片,是区别于其他国家的最明显的特征。让中国文化走出国门,让世界各国人民欣赏中国文化,懂得中国文化所蕴含的理念和价值,这便离不开翻译。英汉两种语言在词汇和句法层面都存在巨大的差异,让独特的中国文化更好地走出国门便需要更好地了解英汉语言的差异以及对这些差异的应对技巧。

第一节　中国文化内涵与特点

一、中国文化内涵

中国文化,是以华夏文化为基础,充分整合全国各地域和各民族文化要素而形成的文化,是中国上下五千年总结出来的、具有特色的文化。

中华文化发展于华夏文明。华夏文明的源头有两个,即黄河文明与长江文明。中华文明历经数千年的历史演变,是中华民族智慧与文明的结晶,是联系民族情感的纽带和维系国家统一的基础。如今,随着国力的强盛和国际地位的提高,一个拥有灿烂文化的中国正巍然屹立在世界东方!

中国文化主要包含两大部分,即有形遗产和无形遗产。有形遗产指的是具有历史、艺术和科学价值的文物。无形遗产指的是各族人民世代相承的、与群众生活密切相关的各种传统文化表现形式(如民俗活动、表演艺术、传统知识和技能以及与之相关的器具、实物、手工制品等)和文化空间,即非物质文化遗产。它的范围包括民间传统表演艺术、民俗活动、传统手工艺技能、传统医学等。

截至2013年底,我国共有昆曲、古琴艺术、粤剧、南京云锦织造技艺、中国书法、中国篆刻、中国剪纸等38个项目入选联合国教科文组织"人类非物质文化遗产代表作名录",羌年、中国木拱桥传统营造技艺、中国活字印刷术等7个项目入选"急需保护的非物质文化遗产名录",成为世界上入选项目最多的国家。

二、中国文化的特点

(一)人文性

中国文化的人文精神是中国文化的最显著的特征之一。在人类近6 000年的历史长河里,曾经出现过26种文明形态,其中最负盛名的是埃及尼罗河文明、幼发拉底河与底格里斯河的两河文明、印度恒河文明和中国黄河文明,但随着岁月的流逝,其他三种文明都消逝了,唯有中国的文化体系长期延续发展且从未中断过,体现了其强大的生命力。其强大的生命力还体现在它历久弥坚的凝聚力,具体表现在文化心理的认同感和超地域、超国界的文化归属感。

(二)伦理型

中国文化具有鲜明的伦理道德倾向,偏重道德的价值取向在中国传统文化中处于亘古不变的核心地位。由家庭宗族和邻里乡党组成村社、城镇再组成社会、国家,这种社会结构是宗法制度、宗法思想的延续,造成了自然经济的长期延续,造成了重家族、轻个人，重群体、轻个体，强调个人在群体中的义务和责任，忽略个人在社会中的权利。

(三)和谐型

"天人合一"的思想强调人与自然要和谐相处，人的存在与自然的存在是互为包含的。

(1)认为人与自然是和谐一体的，将很多不明白的自然现象解释为天意，主张一切顺应天意。

(2)人是"天地之心"，为万物之灵长、宇宙之精华，人要爱万物，如孟子主张"爱物"。

(3)人的活动要遵从自然的法则，与自然环境和谐交融。《老子》提出"道法自然"，《周易·文言传》明确表述了天人和谐的思想："夫大人者，与天地合其德，与日月合其明，与四时合其序。"对人类赖以生存和发展的自然环境的重视，体现了中国文明的鲜明特征。

"知行合一"在古代哲学家和教育家的视野中，不仅是一个认识论的问题，更是一个伦理道德的问题。他们大多认为，只有"知"与"行"的统一，才能达到追求至善的目的。首先，主张人应该增强道德认识，提高道德实践的自觉性，反对只说不做或言过其行。其次，"知"与"行"是相互依赖、相互促进的辩证关系。

(四)重人伦轻自然的学术倾向

中国文化以"人"为本，以"人"为核心，在哲学、教育、文学、科学、艺术等各个领域表现为乐以成德、文以载道、追求人的完善、追求人的理性、追求人与自然的和谐，体现了鲜明的重人文、重人伦的特色。

第二节　汉译英中的文化空缺现象

所谓文化空缺,是指在一个民族的文化传统和现实生活中所存在的思想观念、规制礼仪和言语行为等在另一文化环境中出现的缺省现象。

人们解读文化信息往往是通过激活他们已有的认知而产生联想、推断的途径来实现的。人们对事物和现象的解读往往是凭借自身已有的文化认知(包括语言)水平来实现的,缺乏对某事物的认知,就会影响他的理解。在不同民族间完成跨文化、跨语言交际,文化认知起着十分重要的作用。文化的缺位往往会产生不解、曲解或者误解的现象。例如,在西方社会里,对行医的行为要求非常严格,不仅要有从业资格,还需要有行医执照,由于习惯于治标的西医化学药物治疗的方法,人们对中国的中医了解甚少,因而在西方国家里,对治本的中医生物药物治疗所入药的动、植物如蝉衣、虎骨、蛇胆等都遭到禁用,因为在他们的认知理念中,这些入药的动、植物是骗人的。

一、文化的属性与空缺

由于地理环境的区域性差异,社会制度和规范的不同,民族间的生活习俗也各有自己的特色,文化缺位的现象是必然存在的。文化缺位主要是由不同民族在政治制度、经济发展、历史变迁、物质环境、风俗传统和思想意识等方面所存在的独特性造成的。文化的民族属性、地域属性和历史属性是文化缺位的主要特征。

(一)文化的民族属性

由于不同民族的发展历程、生活环境、生产和生活方式、生活态度等存在显著的差异性,由此衍生出的物品类型、行为举止、社会规范、风俗习惯等必然有不同于其他民族文化的独特之处。

1. 物产的民族化

物产往往与人们所处的气候、地理环境存在密切关系。例如,中国幅员辽阔,跨越了多个气候带,地形也多种多样,有高原,也有盆地;有水田,也有旱地;有高山丘陵,也有平原大地;有草原戈壁,也有沙漠绿地,因而物产极其丰富,包括农产品及其副产品、生产工具、生活物品等都同样丰富多彩。以具有特色的"茶"为例,中国拥有不同的茶名,有以产地命名的,如"普洱茶""高山云雾茶";有以泡制的颜色命名的,如"红茶""绿茶";有以泡制的工艺命名的,如"功夫茶";有以采摘的人员命名的,如"女儿茶"等。英国和中国相比,其属于岛屿国家,地形比较单一(主要是草原),因而决定了英国以牧业、纺织业为主的文化特色,英语文化是具有浓厚游牧文化色彩的功利实用文化。

汉语里的很多物产在英语中找不到对应的表达,如"豆腐"(tofu)、"荔枝"(litchi)、"粽子"(zongzi)、"竹子"(bamboo——借于日语)、"茶叶"(tea——借于闽南方言)、"瓷器"(china——借于古时瓷都景德镇附近的一个地名)。同样,英语中的有些物产在汉语中也没有对应词,如英语中根据面包的制作工艺、原料、味道、类别等分别有 bread, bun, bunn, cookey, cookie, bread stuff, breadstuffs 等。

在这种文化缺位的情况下,翻译就遇到困难了。例如,现在很多人将汉语中的食物名称"饺子"用英语 dumpling 来表达,我们来看看 dumpling 的英语解释:(1)small balls or strips of boiled or steamed dough(小型的圆状或者条状的蒸或者煮的面团);(2)dessert made by baking fruit wrapped in pastry(包水果馅的甜点)。从其(1)的定义来看,应该与汉语中的"饺子""包子""馄饨""元宵"等对应,如果将"饺子"用英文 dumpling 来表达,那么"包子""馄饨""元宵"又怎样来表达呢?从其(2)的定义来看,汉语中是没有的,因为中国人很少做水果馅的烤饼。

同样，中国特有的白白嫩嫩、软软乎乎的“豆腐”，很多人用bean curd来表达，其实不妥，因为豆腐有很多类型，如“豆腐脑”或者“豆腐花”（uncongealed tofu）、“豆腐干”（tofu cake）、“腐竹”（dried soya cream）、“臭豆腐”（zymolytic tofu）等。其实，日本人早就把“豆腐”用tofu来表示了。

2. 习俗的民族化

不同的民族受其发展历程的影响，形成了各自具有民族特色的习俗。一个民族的习俗对另一个民族来说既是陌生的，有时也是不可接受的。在中国，汉族长期以来受宗族制度的影响，产生了特殊的婚嫁习俗、丧葬习俗等。例如，在婚嫁习俗中，婚庆的颜色是红色，并且是男人将女人娶回家。在丧葬习俗中，丧色为白色，并且晚辈亲属需要披麻戴孝，但根据辈分的不同而有所区别，直系儿辈要全披带，而孙辈则只需三分之二的披带。在西方社会中，婚庆的颜色是白色，男人和女人另外组成家庭。在丧葬习俗中，丧色为黑色，参加丧礼的人都要佩戴黑色袖套。

再如，中国人自古以天干、地支来记时间，如对每天24小时用地支十二支来计时，每两个小时为一个时辰，如“午时”则表示11∶00—13∶00等。

3. 观念的民族化

思想观念往往是由社会教育（包括家庭教育和学校教育）所逐步形成的人生观和价值观，属于意识形态的范畴。中华民族属于以“德”为主导的文化，西方文化是以“利”为主导的文化。因此，中国人很看重“面子”，西方人很看重“功利”。例如，辨别妇女是否已婚，在古代中国是通过妇女的发髻来判断的；而在印度，女性要在前额上贴一个红色标记，未婚妇女往往是圆形的鲜红色的标记，而对那些已婚的妇女则是桃形的暗红色的标记；在西方社会里，则是通过妇女佩戴在手指上的戒指来判定的，戴在小指上表示独身，戴在中指上表示已经订婚，而戴在无名指上表示已婚。

在西方文化中，婚姻是自由而不受约束的，而在中国文化里，婚姻必须遵守道德伦理规范；在中国文化里，人们往往遵循“食不言，寝不语”的规范，如此等等。

再如，在希腊神话中底比斯国王俄狄浦斯在不知情的情况下杀死了他的父亲拉尤斯而娶了他的母亲乔卡丝塔，由此衍生出了 Oedipus complex（恋母情结）。因为俄狄浦斯的娶母行为在中华民族的文化观念中属于乱伦，为大众所不齿，所以在汉语中出现缺位。

（二）文化的地域属性

不同民族赖以生活的地域存在地理环境上的差异，因而与之相关的气候、地形、生物以及与之相关联的生产生活方式、社会结构、风俗习惯等自然背景和社会背景也必然存在显著的差异性。

由于不同民族所处的地域不同，会导致物产、习俗、规制方面的差异。例如，生活在草原地区的民族，其物产主要是畜产品及其附属产品，其习俗也往往与畜牧有关，如我国藏族在藏历六月（即农历八月）举行为期八天的“当吉仁”赛马节等。生活在平原的农业产区，其物产主要是农副产品，其习俗也往往与农业有关，如汉族的“春节”，是庆祝上年的丰收和展望来年的成就。

文化的地域属性常常导致跨文化交际中文化的缺位。汉语中的“雨后春笋”，由于竹子这种植物只能生长在亚热带环境中，属于温带海洋性气候的英国没有竹子这种植物，但为英国人所熟知的 mushroom 和汉语中竹笋的生长特点具有明显的相似性，即在一定温度和湿度条件下，生长非常迅速，故而用 like mushroom 翻译。

（三）文化的历史属性

在文化发展的历程中，人们对事物的名称、观念也会随历史的发展而发生变化。例如，汉语中南京几番更换城名，在不同朝代分别有“冶城”“越城”“金陵”“秣陵”“石头城”“白下”“上元”“升州”“集庆”“应天”“天京”等不同的称谓。“南京”的名称始于明代。

不同民族在不同的历史时期存在疆域的变迁、制度的革新、事件的发生、文学艺术的发展等,因而形成很多具有民族历史属性的文化词。例如,汉语中的“宰相”“倭寇”“汉奸”“同志”“鸿门宴”等,英语中的 Enclosure Movement(圈地运动),Industrial Revolution(工业革命),Prisoner Abuse Event(虐囚事件)等都是在特定的历史时期出现的文化词。

二、文化词语的缺位与翻译

语言是社会现象的符号体现。任何一种语言都反映着一种独特的文化。德国著名语言学家、哲学家洪堡特认为,语言不仅有表达功能,而且还有认知功能,每种语言都包含了一种独特的世界观。因此,翻译时,译者需既要考虑表层的语言,又要考虑深层的文化。

(一)文化词

文化词的含义可延伸到社会文化心理和文化习俗等信息层面。文化词大体包括三类:即物质文化词、观念文化词和行为文化词等,如图 8-1 所示。

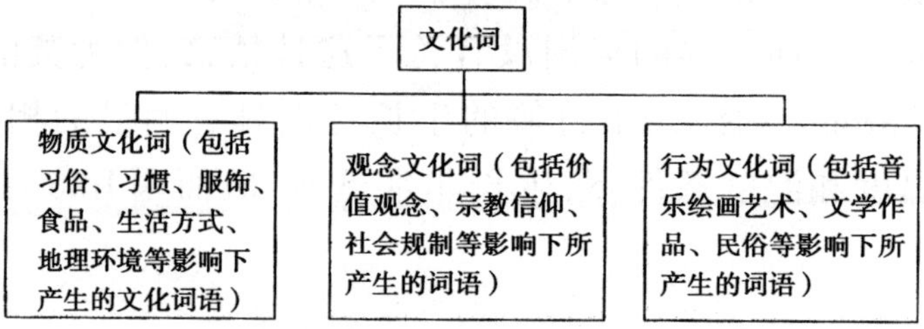

图 8-1　文化词的分类

1. 物质文化词

物质文化词是指与人们的生活环境、衣食住行等日常生活密切相关的各种器物、事物性词语。

与生活现实密切相关的生产生活名词,包括汉语中古人所穿“长衫”“满襟褂”“旗袍”等和英语中的jacket,jean等服饰名词,汉语中的“碗”“筷”“月饼”“汤圆(tangyuan)”“馒头(mantou, steamed bun)”等和英语中fork, knife, dish等餐饮名词,汉语中“刀”“斧”“铲”“锄”等生产名词;汉语中“四合院”“箫”“琵琶”“唢呐”(Suona, Chinese trumpet)等和英语中flat, cabin, piano, bude等生活和艺术名词。

与气候地理条件和自然景观紧密联系的地理名词,包括汉语里的“长城”“黄河”“泰山”等和英语中的castle, high land等自然景观文化词,汉语中“竹”“茶”“芋”“莲”等亚热带的天然产物;英语中tomato(番茄), oat(燕麦), shower(阵雨)等自然生态文化词;以及被人们借用某些形象的词汇,赋予其新的内涵,从而丰富了语言和生活,赋予了独特的文化内涵而引用到生活和语言当中的俗语“不到黄河心不死”“不到长城非好汉”“泰山压顶之势”“茶壶煮饺子,倒不出来”,将岳父称作“泰山”等的引申文化词。

2. 观念文化词

观念文化词是指与宗教信仰、社会规制和价值观念等意识形态和哲学理念相关的文化词语。观念文化词是由于社会的政治和经济制度、社会和家族结构、民俗民情、价值观念等长期影响而形成的。例如,与政治相关的规范文化词有“书记”“总理”及Prime Minister, Kingdom等;与经济相关的规范文化词有“计划经济”“宏观调控”及economic crisis, bull market等;与宗教相关的如“和尚”“尼姑”“缘分”“来世”“天”“命”及priest(祭司、牧师), Pagan(异教徒)等;与民俗民情相关的规范文化词有“作揖”“拜堂”“喜酒”“洞房”“嫁妆”及pub, casino(表演跳舞、赌博的娱乐场所), shake hands等;与家族结构相关的规范文化词有“伯伯、叔叔、舅舅、姨夫、姑夫”及nuclear family等。

3. 行为文化词

行为文化词是指与音乐、绘画、艺术、文学作品、民俗相关的行为性词语。例如，汉语中少数民族的“走婚”（摩梭人男不娶，女不嫁，由男子的“走”而实现的婚姻制度）、“乱弹琵琶”（指做事没有章法）、“鬼画符”（指写字潦草）及“送红包”“贴对联”“烧纸钱”等和英语中的 Cream Tea（茶歇），Limerick（五行打油诗）等。

（二）文化缺位词的翻译

文化缺位词语是指源语中所存在的表示某种文化事物、现象或者行为的词语，在目的语中缺乏相同或者类似的文化内涵意义词语的情况。例如，hippie 是 20 世纪 60 年代在美国产生的，在中国处于缺位的境况，因而在汉语里找不到相应的指代词。

不同语言间存在大量的词语的文化内涵不对应的文化空缺现象。例如：

英语词汇：

Frankfurter 法兰克福香肠

beddo 电子床

shower 阵雨

汉语词汇：

天干地支 Chinese era system

梅雨 plum rains

三九 the coldest winter days

三伏 the hottest summer days

文化缺位词在不同语言中的翻译转换往往因为缺位而存在不同的翻译策略和方法。例如，汉语中“丁字裤”涉及汉语独有的形象性文字结构，如果字面地译作 underwear shorts like the Chinese character“丁”(或者用拼音 Ding），外国读者会不知所云；相反，如果通过译者释码与再编码的二度性过滤转换，将其译作 T-shaped underwear shorts，既不影响读者的理解，又能较好地传递出原文的形象性特点，可谓恰到好处。

1. 完全缺位文化词的翻译

完全缺位文化词是指一种语言中存在而在另一种语言里处于完全缺位状态的文化词。这类文化词的翻译要看具体情况进行处理。对于物质名称和部分行为名称类的文化词,如人名、地名和特有事物的名称等,笔者认为采用音译即可。例如,汉语中的麻将(mahjong)、胡同(hutong)、炕(kang)、秀才(xiucai)、太极(taiji)、磕头(kowtow)、衙门(yamen)、牌九(paijiu)、荔枝(litchi)、喇嘛(lama)、二胡(erhu)等,英语中的cigar(雪茄)、sauna(桑拿)、ballet(芭蕾)、cashmere(开司米)、sofa(沙发)、Utopia(乌托邦),SARS(“非典”)等。

对于思想、习俗、历史类文化词,笔者认为以最大限度地传递出原文的文化内涵为宗旨,可以采用替换、转化、意译等方法进行处理。在中国的婚嫁习俗中,男人娶亲又叫“讨老婆”,如果直译为beg a wife就完全违背了汉语的文化内涵,因为汉语“讨老婆”中的讨并非“乞讨”,而是指花费的成本低廉而占了很大便宜的意思,因为女方的父母花费极大的成本将女儿养大,现在娶进来简直是白占便宜,因而有此说法。因而,应该迎合译文读者的理解需要,转化译作marry即可。

再如,汉语中的“黄牛党”与英语中的scalper(someone who buys something and resells it at a price far above the initial cost)的意思相当,因而可以采用借用性转化译法来处理。

个人计算机(PC)业务对联想来说绝对不是一个鸡肋。

鸡肋本指鸡的肋骨,后比喻无多大意味,但又不忍舍弃的事物。鸡肋的典故源于《三国志·魏志·武帝纪》“备因险拒守”裴松之注引晋司马彪《九州春秋》:“时王欲还,出令曰‘鸡肋’,官属不知所谓。主簿杨修便自严装,人惊问修:‘何以知之?’修曰:‘夫鸡肋,弃之如可惜,食之无所得,以比汉中,知王欲还也。’”鸡肋是汉语中独特的典故文化词,按字面直译必然导致读者的不解,此处解释性意译是比较理想的处理:“Absolutely, the business of Personal Computer is not a dilemma for the Legend Group."

烟台发展(股票)违法操作,最后赔了夫人又折兵。

"赔了夫人又折兵"是汉语成语,源于罗贯中著的《三国演义》第五十五回:"周郎妙计安天下,赔了夫人又折兵。"比喻想占便宜,反而受到双重损失。因此,译作:" The irregular manipulation of the stock of Yan Tai Fa Zhan leads to a double loss at last."

同样,英语中很多文化词我们也可以通过替换、转化、意译等方法进行处理引入汉语。例如,honeymoon(蜜月),dark horse(黑马), sour grape(酸葡萄), cold war(冷战), brainwash(洗脑), Domino effect(多米诺效应/骨牌效应), Pandora's box(潘多拉盒子), The Gordian knot(戈尔丁结)等。

英语句子"John can be relied on, he eats no fish and plays the game." 由于 eat no fish 是新教教徒为了遵守教规,不能在斋戒日吃鱼,而 play the game 是在西方社会里,只要是参与游戏就必须诚心地遵守游戏规则。这两个都是习语,在汉语中没有对应的事物,因而缺乏对等的表达。如果直译:"约翰是可靠的,他不吃鱼,还玩游戏。"就会让汉语读者感到迷惑与不解——约翰的可靠与他不吃鱼和玩游戏之间有什么联系?这种缺位现象要译者进行解码性翻译,如果译作"约翰为人可靠,他既忠实又守规矩。"就能让读者理解了。

再如,英语成语 a Judas kiss(犹大之吻)与汉语中的"鸿门宴"都表示"善意的外表隐藏不怀好意的目的",其含义相当。

俞秀莲:这"俞"字写起来真像"剑"。

(《卧虎藏龙》)

译文 1: I never realized my name looks like "sword".

译文 2: My name "June" is much like "Jone".

由于英语是字母拼音文字,而汉语是方块的释义文字,例句中的汉字在英语中处于缺位状态,如果像译文 1 那样直译,则看不出其真正的文化内涵。译文 2 巧借英语中的 June 和 Jone 之间的形似来翻译原文中汉字“俞”和“剑”的形似，再现了原文中的形象性特点。

2. 部分缺位文化词的翻译

部分缺位文化词是指在两种语言中都存在相同或者类似的表达，但是其文化内涵存在一定的差异性。例如，在汉语中，由于受传统的宗族制度的影响，形成了以父系称谓为主干，以母系称谓和妻系称谓为补充的“别血统、分内外，讲排行、辨长幼，明尊卑、重秩序”的庞大而复杂的亲属称谓系统。在英语中，由于没有宗族制度的影响，其亲属称谓体系比较简单，上下只囊括到五代，而且没有内外、排行、长幼之分，形成了以姓名称谓为主干，以位次称谓为补充的简单而直接的称谓体系。例如，在 *The Family Album USA* 中，儿媳 Marilyn 直接以名字来称呼她的公公 Philip 和婆婆 Ellen。

从社会语言学的观点来看，称谓方式（address forms）具有极其丰富的社会和文化内涵，它既是社会中权势性（power）和平等性（solidarity）的象征，也是文化、社会、教育、宗教、信仰、年龄、性别等因素的表现。不同称谓方式反映交际双方的社会地位关系（权势、平等）、亲疏关系、年龄关系和性别差异关系等社会关系。选择什么样的称谓方式往往受制于社会关系、交际情景等多种因素。由于受到社会结构、传统伦理、血缘关系、宗族关系、文化取向等因素的影响，中西方在称谓类型、称谓方式和称谓功能上都存在很大差异。

对于文化的部分缺位，译者应该考虑到文化内涵的传递和读者对该文化的适应性，采取一定的补救措施。以汉语的亲属称谓为例，对父系系统的称谓加上 paternal，对母系系统的称谓加上 maternal，对妻系系统的称谓加上 uxorial，对长幼加 elder 或者 younger，对区分男女性别的加 male 或者 female，对区分内外的加 consanguineous 或者 affinal 等。例如，用 elder male paternal cousin 来表示堂兄，如图 8-2 所示。

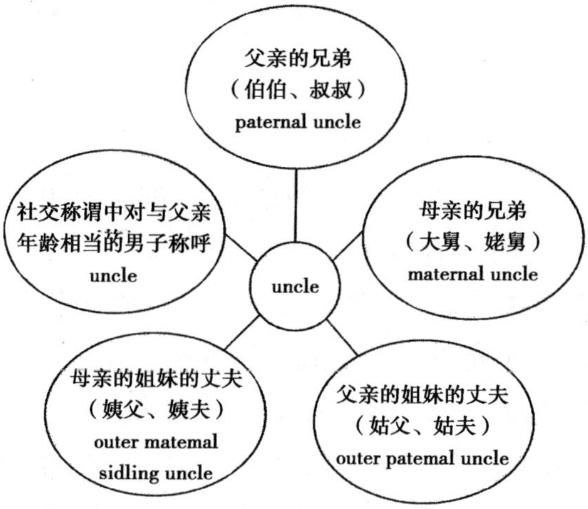

图 8-2　汉英中的亲属称谓

她从贫苦的姑家，又转到贫苦的姨家。

（萧红《王阿嫂的死》）

译文 1：She had lived for a while with some impoverished paternal relatives, and then had been bundled off to some maternal relatives who were, if anything, even worse off.

—translated by Howard Goldblatt

译文 2：She had lived for a while with her impoverished paternal Aunt, then had been bundled off to her maternal Aunt who were, if anything, even worse off.

在中国文化中，虽然都是姻亲关系的“姑”和“姨”却具有鲜明的文化联想意义，“姑”是与父系系统相关联的姻亲，而“姨”是与母系系统相关联的姻亲，显然“姑”比“姨”更亲，如果不加以体现，就很难让译文读者领略到中国文化的本质。相比之下，译文 2 更佳。

三、文化空缺现象产生的原因

（一）不同的政治制度导致的文化空缺现象

所谓政治制度，是指在社会政治的领域，要求政治实体必须

要遵守的各种规范和准则。由于国体、政体的不同,也会导致文化空缺现象的产生。例如:

"四有"人才

希望工程

计划生育

如果西方国家不了解我国在上述方面的情况,那么他们根本就不知道其代表什么含义。

(二)社会历史变迁导致的文化空缺现象

各民族有其形成的历史背景,有浓厚的民族色彩及鲜明的文化个性,反映不同时代的历史人物、历史事件等。例如:

八股文 eight part essays

meet one's Waterloo 惨败

fig-leaf diplomacy 幌子外交

(三)社会习俗引起的文化空缺现象

某一地区独特的文化与风俗习惯即社会习俗。社会习俗是一种特殊的交际语言,是人们在日常生活中形成的社会共识性认识和行为。中西方在社会习俗上存在巨大差异,所以由社会习俗差异造成的英汉语言隔阂不胜枚举。例如,春节吃团圆饭、元宵节猜灯谜、清明节扫墓、重阳节登高等,均是中国传统的社会风俗。这些社会习俗都是中华民族的文化遗产,在英语中找不到完全对应的词。

以婚姻习俗为例,中国人找对象首先讲究"门当户对"和"郎才女貌",结婚要选择"良辰吉日",以红色为喜色,"拜天地""入洞房",物什讲究吉利和寓意,如"花生""枣子""牡丹"等。西方人找对象首先讲究 marriage of true minds(真诚的结合),结婚以白色为喜色(a white wedding),婚礼要在教堂举行,然后去度"蜜月(honeymoon)"。

（四）生活环境差异造成的文化空缺现象

中国是一个农业大国，从原始社会到资本主义社会再到社会主义社会始终都坚持以农为本，注重农业生产和农田水利建设，于是汉语语言中出现了很多与农业相关的表达。例如：

男耕女织

凿饮耕食

寓兵于农

岁稔年丰

精耕细作

相反的是，英国是一个濒临海洋的国家，所以语言中与海洋相关的表达非常多。

（五）思维模式的独特导致的文化空缺现象

思维模式是指人们看待、分析、理解和认识客观世界的方法。思维模式在人的发展过程中起着非常重要的作用，什么样的思维模式就会导致与之相符合的行为方式。同样，思维模式的差异也会导致世界观、价值观、情感、态度和信仰等差异。中西方由于历史等原因，在思维模式上存在着很大的差异，这些差异时时刻刻体现在中西方人的工作、学习和生活中。思维方式的差异是造成语言差异的重要原因。以下从三个方面详细介绍中西方思维模式的差异。

1. 中国人的思维模式

中国人的思维模式是经过漫长的历史和生存环境的变迁所形成的。概括起来，中国人的思维模式有如下特点。

（1）善于形象思维。中国人善于形象思维，是指中国人在思考时总喜欢把内心的事物和外界的事物联系起来。这种思维特点是与中国的汉字历史分不开的，中国古代的汉字是以具体事物的形状来表示的。例如，“山”字完全是按照现实中山的形象写出来的;“羊”字也是模仿了羊的形态。在文学作品中,中国人也往往喜欢用外部世界的事物来寄托自己抽象的思想。例如,中国人用月亮寄托自己的思念,苏轼的“但愿人长久,千里共婵娟”就是个很好的例子。

(2)善于归纳法。归纳法是指从具体的事物、事实、数据中归纳出具体的规律。例如,中国有句古语叫“天下乌鸦一般黑”。这句古语就是古代先人通过归纳法得出来的。中国人在陈述自己的观点时也经常采用归纳法,在表述自己的观点时往往罗列许多原因,然后才得出自己的结论。中国人在阐述一个问题时,多从具体的现象、特征和细节进行分析,然后从概括总结上升到理论高度。

(3)思维呈螺旋状。中国人的思维模式在思考时呈螺旋上升状,具有明显的间接性或迂回性。中国人在说明问题时往往不开门见山,而是喜欢旁敲侧击,经常拐弯抹角地暗示主题。中国有句古话叫“只可意会不可言传”,说的就是这个道理。

2. 西方人的思维模式

由于西方人的生存历史条件、环境与中国人有很大的差异,这就决定了西方人逐渐形成了迥异于中国人的思维模式。西方人的思维模式内涵可概括如下。

(1)善于抽象思维。西方人擅长的思维模式正好与中国人的思维模式相对。西方人思考时完全脱离现实世界的物象,通过抽象的符号或文字来进行逻辑推理。这种思维模式受西方的语言影响较大。西方的单词是通过没有意义的单个字母组合而成的,然后再通过单词组成短语、句子和篇章,其逻辑形式是“点—线—面”。

(2)善于演绎法。演绎法是与归纳法相对的一种思维模式。演绎法讲究“由一般到特殊或由抽象到具体”“先立论、后展开”,西方人的这种思维模式可以从他们撰写的论文中看出来。西方人在写论文时开篇总有一个固定论点,然后再把论点展开论述。

他们按照一定逻辑顺序，循序渐进、一气呵成地把论点中的问题进行层层剖析，显得逻辑十分严谨。

（3）思维呈直线型。西方人思维所呈现出的直线型特点与上述的抽象思维有很大的相同之处，这种思维形成的很大原因也是受其语言文字的诱导。西方人的这种直线型思维表现在西方人的直接、大胆、开放和外露的性格特点上。他们语言表达总是态度鲜明、干脆利落，绝不吞吞吐吐、拐弯抹角。

（六）哲学思想和宗教信仰的差别导致的文化空缺现象

各自语言中有许多反映其独特文化内涵的表达，如"不看僧面看佛面""平时不烧香，临时抱佛脚"等汉语表达；Curious as Lot's wife, doubting Thomas, wise as Solomon 等英语表达。

在中国，尤其是在许多农村地区依然保存着盖房子、选坟墓等必先找人看风水的习俗。其中的"风水"我们绝对不能把其直译为 wind and water，因为其深刻的内涵绝不等同于 wind and water。因此有人建议将其音译为 feng shui，但当外国人看见拼音 feng shui 时，其中深刻的内涵不知他们懂得几分？

（七）价值观差异导致的文化空缺

中国人自古就强调集体主义，个人利益应服从于集体，强调以"共性"为中心的道德价值观，坚持"团结就是力量"的口号。这种观念在西方人看来是难以理解的。西方人注重个体，强调以"个性"为中心的功利价值观，因而有各自价值体系的表达方式，如欧美影片中经常可以看见主人公以个人的力量拯救世界的情节，塑造了一个又一个英雄人物形象。

再如，汉语中男权社会背景下形成的词语"讨老婆""嫁人"等汉语表达；American dream, Aunt Jemima 等英语表达。

第三节　汉译英中文化空缺的对策

从跨文化翻译的实践可以看出,人们研究并总结了大量空缺翻译的方法,如直译法、意译法、转换法、音译法、加注法、套译法等。

一、直译法

直译即按照字面意思,使用目标语将文章内容翻译出来,但从实际情况上说,直译时部分词汇在目标语中无法得到体现,使读者在理解上存在较大难度。通常,译者在直译词汇选取中,都是从字面意思将文章的含义推论出来的。例如:

四书 Four Books

五经 Five Classics

龙舟 dragon boat

墨盒 ink-box

剪纸 paper-cut

书法 calligraphy

春节 Spring Festival

战国 Warring States

纸老虎 paper tiger

八卦 eight trigrams

唐三彩 Tri-color Pottery of the Tang Dynasty

井底之蛙 to be like a frog at the bottom of a well

跑得了和尚,跑不了庙。

The monk may run away, but the temple can't run with him.

二、意译法

意译法与直译法的区别是其舍弃原文的语言形式与字面意义，目的是达到译文与原文在内容上的相符以及主要语言功能相似，从而更加贴切地传达原文的文化信息。例如：

牌楼 memorial arch

盲流 jobless migrants from rural areas to cities

二胡 two-stringed fiddle

砚台 ink stone

元宵 sweet dumplings made of glutinous rice flour

锅贴 pan-fried dumpling

花卷 steamed twisted roll

拜堂 perform the marriage ceremony

桃符 peach wood charms against evil, hung on the gate on the New Year's Eve in ancient times

三八红旗手 a woman pace-setter

特困生 the most needy students

辛亥革命 the 1911 Revolution against Qing Dynasty

三、转换法

有时，由于源语与目的语之间存在较大差异，为了在这些差距较大的不同文化中实现接受者的相同反应，需要对译文进行一定调整。此时，译者可以运用转换法进行翻译，即对源语的信息进行改写，使其与目的语的文化背景或者句式习惯相契合，产生相同的效果。例如：

精神文明 cultural and ethical progress

挥金如土 to spend money like water

一刀切 to impose uniformity in all cases

班门弄斧 to teach fish to swim

力大如牛 as strong as a horse

爱屋及乌 love me, love my dog

四、音译法

在国际文化交流的过程中,音译法是一种常见的方法。在过去的 20 多年中,中外交流逐渐朝着深度和广度的方向发展。一些在西方文化中空缺的概念,随着交流的日益频繁而被认知与接受,英语中的音译词汇也在不断增加,一些最终成了英语中的外来词。例如:

普通话 putonghua

旗袍 qipao

坦克 tank

耐克 nike

克隆 clone

总而言之,在翻译过程中,对文化空缺现象的研究极为重要,译者在文化交流过程中,扮演着重要角色,当遇到一些文化空缺词汇时,为了避免使读者产生理解上的误解,要采取适当的翻译方法进行翻译,这样也是一种负责任的翻译行为。因此,译者在翻译上不仅要对不同文化有基本的了解,进而弥补文化空缺,而且要充分了解受众的需求,以便符合读者的阅读目标,从而更好地服务于大众。

五、加注法

通过注释形式对译文的文化背景进行补充说明,以便明确中西方文化差异,让读者准确地理解语言的特殊文化。例如:

元宵节 the Lantern Festival (the 15th of the first lunar month)

满月酒 One-Month-Old Birthday Feast (a special ceremony held after a baby has been one month old)

文房四宝 the four treasures of the study (writing brush, inkstick, ink stone and paper)

牛郎织女 the Cowherd and the Girl Weaver—two figures in an ancient Chinese fairy tale (Later it also refers to husband and wife who live far apart)

铁饭碗 Iron-rice bowl (by which everyone gets the usual pay and benefits irrespective of his performance)

希望工程 Hope Project (a program to collect money from all sectors of society to support education in poor areas)

六、套译法

套译法也称“套用”“借用”或“借译”。汉语中有的习语、短语和英语在内容、形式上均相符,双方不仅有相同的意思和修辞色彩,而且有相同或基本相同的形象和比喻,此时可以使用套译法。例如:

破釜沉舟 to burn one's boats

空中楼阁 castle in the air

随波逐流 to go with the tide

充耳不闻 turn a deaf ear to

第九章　翻译与中国文化传播的实践探究

跨文化交际和翻译活动紧密相连，作为一种交际的工具，翻译不仅仅是一种双语转换的过程，而且还是一种文化移植的过程。事实上，翻译不但是一个双语活动，而且是一个跨文化活动。一名好的译者，一方面需要掌握两种语言的翻译技巧，另一方面更应清楚地了解这两种语言的文化背景。

"翻译兴则文化盛则社会进、翻译废则文化衰则社会退"这一历史规律，强调并呼吁在当今这个经济全球化与文化多元化语境下，更应该重视作为跨文化传播主要途径的翻译活动。本章主要介绍楹联、戏曲、唐诗的英译。

第一节　汉语楹联文化及其英译

一、概述

楹联是中国传统文化的精华，亦称"楹帖""对子""对联"，由上、下联组合，是悬挂或粘贴在壁、柱上的联语，一般要求对偶工整，平仄协调。楹联盛行于清代，是一种文学和书法相融合的艺术形式。岳民立指出："无数事实证明，风景因联增秀色，山河有对尽光辉。往往用凝练的只言片语，便能准确、传神、生动、形象地概括出一种情态、一种意境、一种精神。无论是对一座城市、一处景点，楹联都能很好地起到画龙点睛的作用。"但是，作为中国文化特色的一部分，很多楹联的翻译是非常困难的。陈刚

(2004)提出楹联的译介最常用的是词义翻译法和交际翻译法，而翻译技巧的运用则是综合的、灵活的，他提出有关楹联的翻译技巧包括“保持词汇层的对应”“保持句子结构的对应”“改变句子结构”“保持语义层对应”“保持语用层对应”“保持跨文化对应”和“保持形式和内容”。笔者认为，楹联的翻译应该和诗词翻译一样，如果语义比较简单，可进行直译处理，如果比较复杂且其中的文化含义即使译出，英语读者也不一定能够理解，那么就需要省译或简化翻译。

请看下面的例子。

(1)大肚能容，容天下难容之事，开口便笑，笑天下可笑之人。

His belly is big enough to contain all intolerable things; his mouth is always ready to laugh at all snobbish persons.

(2)天镜平涵，快千顷碧中，浅浅深深，画图得农桑景象；云屏常峙，看万峰青处，浓浓淡淡，回环此楼阁规模。

Here you will enjoy vast clear water and magnificent peaks, marveling at the countryside scenery and the mansion's splendor.

(1)这一楹联虽然内含佛教色彩，但内容和形式相对简单，所以翻译时可以直译，但省掉了“天下”二字。(2)则非常复杂，所以翻译时要进行简化处理，以迎合英语读者的表达习惯和阅读期待，从而达到翻译的目的。

二、汉语楹联的英译

楹联是我国汉语语言文字独有的文学艺术形式，是中国文学艺术的一朵奇葩，最能体现汉语语言文字特点。英译汉语楹联主要有以下几种方法。

(一)形意兼备的英译法

所谓“形意兼备”，就是指英译文既兼顾到汉语楹联的特点，又要充分表达其意义，做到“以偶对偶，以工对工”，英译文读起来要有韵律感。例如：

贾政道："匾上二字容易。再作一副七言对联来。"宝玉听说，立于亭上，四顾一望，便机上心来，乃念道："绕堤柳借三篙翠，隔岸花分一脉香。"

（曹雪芹《红楼梦》第十七回）

"That's the two words for the framed board on top," said Jia Zheng. "Not a very difficulty task. But what about the seven word lines for the sides?"

Baoyu glanced quickly round, seeking inspiration from the scene, and presently came up with the following couplet:

Three pole-thrust lengths of bankside willows green,
One fragrant breath of bankside flowers sweet.

（霍克斯 译）

这是沁芳亭的一副对联，写的是沁芳亭的水景。大意为"水光泄碧，好像借来堤上杨柳的翠色；泉质芬芳，仿佛分得两岸花儿的香气"。该对联通过描写周围的景色入手，来映衬沁芳亭的美景。

生意兴隆通四海，财源茂盛达三江。

Business is thriving,
reaching out to the five continents of the world;
Revenues are accruing,
flowing in from the four corners of the earth.

对联总是言简意赅，用对联来表达企业单位在客庆之日向宾客表示自己的愿望、宗旨或抱负，能够让宾客读后马上记牢其企业宗旨、愿望或抱负。该对联中的"四海"，原指我国四境海域之内，意指全国；现企业用于表达其良好的愿望，"四海"之义可扩大到我国四境海域之外，即"全世界"。"三江"原非实指，指长江和黄河等大江流域，因此"三"在此表示数量之多，意指全国。这副对联读后给人吉祥、气势磅礴之感。因此，翻译该对联时，英译文除了在意思上和形式上同原文一致外，还尽量做到整齐对仗，并且把带数位的词组“四海”和“三江”通过 five continents 和 four corners 对应地表达出来了。

旁边一副对联，写道是：“已后儿孙承福德，至今黎庶念荣宁。”俱是御笔。

（曹雪芹《红楼梦》第五十三回）

Both it and the matching couplet below it were in the calligraphy of the reigning sovereign:

HONOUR THE DEAD AND KEEP THEIR MEMORIAL

Their sons and grandsons enjoy the fruits of their blessedness.

The common people recall Ning and Rong with kindness.

（霍克斯 译）

仙姑无奈，说：“也罢，就在此司内略随喜随喜罢了。”宝玉喜不自胜，抬头看这司的匾上，乃是：“薄命司”三字，两边对联写的是：“春恨秋悲皆自惹，花容月貌为谁妍。”

（曹雪芹《红楼梦》第五回）

“Very well. You may make a brief inspection of this office here.” Delighted beyond measure, Baoyu raised his head and read the notice above the doorway:

DEPSARTEMENT OF THE ILL-FATED FAIR

The couplet inscribed vertically on either side of the doorway was as follows:

Spring griefs and autumn sorrows were by yourselves provoked.

Flower faces, moonlike beauty were to what end disclosed?

（霍克斯 译）

（二）意在形先的英译法

所谓“意在形先”，就是指首先确保对联内容反映的传神达意，形式上只求大致整齐，并不拘束于原文的韵律和结构。由于对联本来就有律诗对偶格律型、联律型和宽对型等，再加之英汉

两种语言差异较大,这种翻译方法比较常用。例如:

这日,偶至郭外,意欲赏鉴那村野风光。忽信步至一山环水旋、茂林深竹之处,隐隐的有座庙宇,门巷倾颓,墙垣朽败,门前有额,题着“智通寺”三字,门旁又有一副旧破的对联,曰:“身后有余忘缩手,眼前无路想回头。”

(曹雪芹《红楼梦》第二回)

译文1: One day he strolled to the outskirts of the city to enjoy the countryside. He came to luxuriant woods and bamboo groves set among hills and interlaced by streams, with a temple half hidden among the foliage. The entrance was in ruins, the walls were crumbling. A placard above the gate bore the inscription: Temple of Perspicacity. And flanking the gate were two mouldering boards with the couplet:

Though plenty was left after death, he forgot to hold his hand back.

Only at the end of the road does one think of turning on to the right track.

(杨宪益、戴乃迭 译)

译文2: One day a desire to savour country sights and sounds led him outside the city walls, and as he walked along with no fixed destination in mind, he presently found himself in a place ringed with hills and full of murmuring brooks and tall stands of bamboo where a temple stood half-hidden among the trees. The walled approach to the gateway had fallen in and parts of the surrounding wall were in ruins. A board above the gate announced the temple's name:

THE TEMPLE OF PERPECT KENOWLEDGE

While two cracked and worm uprights at the sides of the gate were inscribed with the following couplet:

(on the right-hand side)

As long as there is a sufficiency behind you, you pass greedily forward.

(on the left-hand side)

It is only when there is no road in front of you that you think of turning back.

(霍克斯 译)

(三)得意忘形的英译法

所谓"得意忘形",就是指翻译一些有特色内容或特色典故的对联时,英译文只求传神达意,没有必要全部复制原文形式,也不一定翻译成两句对联形式的英语译文,可以对译文进行灵活的整合重排。例如:

朝朝朝朝朝朝朝;
长长长长长长长。

(故宫太和殿对联)

In the morning there is a court,
In the morning there is a court,
Every morning there is a court;
It is permanently growing,
Permanently growing,
Always and eternally growing.

(赖恬昌 译)

译文前三句是相同句型的重复,后三句重复使用 growing 一词。该对联是香港翻译协会前会长、翻译家赖恬昌先生翻译的。由于该隐字对联的意义难译,只好意译。

(四)音意兼备的英译法

所谓"音意"兼备,是指先用汉语拼音译出汉语对联,然后在汉语拼音后加汉字,再把对联直译为英语。这有助于英语读者感受对联的韵律感的同时，有助于他们感悟汉语汉字的美感，也有助于他们领悟汉语对联的意义。这样处理汉语的英译，可以使得不懂中文的英语读者大概可以看懂原文50%的意思。例如：

曲率酒，淡似水，淄川坛盛。

新泰女，怕日照，手光捂腚。

（摘自“蒲松龄收女徒弟”，《中国翻译》，2010年第4期）

Qufu jiu, dan si shui, zichuan tan cheng（曲阜酒，淡似水，淄川坛盛）or: **Qufu Spirits, thin as water, is filled in Zichuan jugs.**

Xintai nv, pa ri zhao, shou guang wu ding（新泰女，怕日照，手光捂腚）or: **The Xintai girl, fearing the sun, just covers her buts with her hands.**

（黄俊雄 译）

该对联引出的故事是：蒲松龄的学生孙志高娶了个新泰县的姑娘做媳妇，成亲这天，新娘哥哥当陪送，礼毕去新房告别，妹妹问他吃得怎样时，她哥哥说婚礼上喝的曲阜酒掺了水。新娘听后，很气愤。所以，晚上新郎官进洞房时，新娘子要新郎官对对子，对不上，则别想上床。新郎官想了一宿都没想出来。结果被他的老师蒲松龄对上了。该对联的上联难对，是因为上联包括了四个县名，上联的四个县名是；曲阜县、泗水县、淄川县和郯城县。因此，要对工整，下联也得要用四个县名，下联的四个县名是：新泰、日照、寿光和武定。

第二节　汉语戏曲文化及其英译

一、概述

戏剧是一种特殊的文学形式，一般是指舞台演出的综合艺术，其中包括多种因素，如文学、导演、表演、音乐和美术等。作为戏剧的文学成分,剧本是一剧之本,是戏剧表演的基础。

所以,在文学范围内,戏剧这个概念通常就是指剧本。戏剧在中国和西方都有非常悠久的历史,古希腊悲剧就是人类文明发展史上的一座高峰。在西方,戏剧主要指话剧和歌剧。在中国,戏剧传统上主要指戏曲,话剧则是“五四”运动以后从西方传入的戏剧品种。戏剧按类型可以分为悲剧、喜剧和正剧,按题材可以分为历史剧、现代剧、童话剧等。戏剧不同于小说、诗歌和散文,小说和散文主要是供读者阅读的,诗歌主要供阅读和朗诵,而戏剧尽管也供阅读,但主要是供演出。戏剧也有情节和人物,但要受舞台的时间、空间和面对剧场观众的限制,不像小说那样不受时间和空间的限制。戏剧尤其重视矛盾冲突,要求以人物的性格行为、思想感情的冲突去展开剧情、表现生活。戏剧对语言有特殊的要求,戏剧塑造人物、发展情节的主要手段是对话,戏剧的台词是典型的口语化语言,具有十分鲜明的个性,具有感人的力量。

在翻译戏剧时,除应遵循翻译的一般规律之外,还须注意以下几点:把握全剧主题,明确人物关系,注意语言风格,分清剧本结构,维护全剧完整,保持戏剧规范。译者在翻译之前,应当反复研读原作,把握全剧的主题思想,了解剧作家的创作思想和背景情况,最好再读一些该剧作家的其他作品以及评论界的相关评论。戏剧主要是通过对话(台词)来揭示矛盾、展开剧情的。译者要通过阅读全剧或者从剧本前面的人物介绍中明确剧中人物之间的关系,这样在翻译台词时才能够做到关系清楚,便于欣赏和阅读。剧本的基本结构包括三个部分:台词、演员排演提示和舞台说明,其中台词是主要部分。戏剧的情节发展和揭示人物性格,主要依靠台词。剧中人物的鲜明个性,他们思想感情发生的变化,是通过台词(即对话)表现出来,如用语的典雅或粗俗、语气的尊严或低下等,译者应通过词句、修辞和文风等多种语言手段来再现人物性格,给表演提供展现人物性格的文学基础。翻译台词对话一定要符合译入语口语的习惯,以利于演员表演和观众欣赏,不能够像小说那样,主要是比较长的规范句子和许多修饰成分。

一般来讲,舞台说明是在一场或一幕的开始处。有时十分详细,像小说中的叙述和描写,这是为了让舞台美术人员能够准确无误地设置布景。与之相比,演员排演提示则非常简练,通常只有短句或词组,甚至一个单词,放在人物名字的后面,或者插在台词中间,让导演和演员在排练和演出时能够领会和掌握动作的要领。翻译剧本,必须要区分这三个组成部分,用相应的句型和文风来分别处理。好的剧本,都是一个结构严谨的整体。由于它要在有限的时间和空间里,在舞台上把故事交代清楚,其整体概念就显得非常重要。译者在翻译对话台词时,必须考虑到剧情的发展和全剧的布局,尽量使其前后呼应,上下连贯,为揭示主题服务。翻译戏剧时,还需注意保持戏剧自身的规范和程式,如分场次和规定场景等,使译文能够为导演和演员服务。

下面的例子是曹禺名作《雷雨》选段。

周萍一个人由饭厅走上来,望望花园,冷清清的,没有一个人。偷偷走到书房门口,书房里是空的,也没有人。忽然想起父亲在会客,他放下心,又走到窗户前开窗门,看着外面绿荫荫的树丛。他吹出一种奇怪的哨音,低低地叫了两三声“四凤”。鲁四凤由外面轻轻地跑进来。

周萍(回头,低声,热烈地):凤儿!(拉着鲁四凤的手)

鲁四凤:不,(推开他)不。(谛听,四面望)看看有人!

周萍:没有,凤,你坐下。(推她到沙发前)

鲁四凤(不安地):老爷呢?

周萍:在大厅会客呢。

鲁四凤(坐下,叹一口长气,望着):总是这样偷偷摸摸的。

周萍:嗯。

鲁四凤:你连叫我都不敢叫。

周萍:所以我要离开这儿啦。

鲁四凤(想一想):哦。太太怪可怜的!为什么老爷回来,头一次见太太就发这么大的脾气?

周萍:父亲就是这个样,他的话,向来不能改的。他的意见就是法律。

鲁四凤(怯懦地):我……我怕得很。

周萍:怕什么?

鲁四凤:我怕万一老爷知道了,我怕。有一天,你说过,要把我们的事情告诉老爷的。

周萍(摇头,深沉地):可怕的事不在这儿。

鲁四凤:还有什么?

周萍(忽然地):你没有听见什么话?

鲁四凤:什么? (停)没有。

周萍:关于我,你没有听见什么?

鲁四凤:没有。

周萍:从来没有听见过什么?

鲁四凤(不愿提):没有……你说什么?

周萍:那没什么! 没什么!

鲁四凤(真挚地):我信你,我相信你以后永远不会骗我。这我就够了, ——刚才,我听你说,你明天就要到矿上去。

周萍:我昨天晚上已经给你说过了。

鲁四凤:(爽直地)你为什么不带我去?

周萍:因为…… (笑)因为我不想带你去。

鲁四凤:这里的事我早晚是不能做的。——太太说不定今天就要辞掉我。

周萍(没想到):她要辞掉你,为什么?

鲁四凤:你不要问。

周萍:不,我要知道。

鲁四凤:自然因为我做错了事。我想,太太大概没有这个意思。也许是我瞎猜。(停)萍,你带我去好不好?

周萍:不。

鲁四凤(温柔地):萍,我好好地侍候你,你需要这么一个人。我给你缝衣服,烧菜做饭,我都做得好,只要你叫我跟你在一块儿。

(周萍不作声)

鲁四凤：我知道你一个人在外头是不成的。

周萍：凤，你看不出来，现在我怎么能带你出去？——你这不是孩子话吗？

鲁四凤：萍，你带我走！我不连累你，要是在外面因为我，别人说你的坏话，我立刻就走。你——你不要怕。

周萍（急躁地）：凤，你以为我这么自私自利吗？你不该这么看我。——哼，我怕什么？（管不住自己）这些年我的心都死了，我恨极了我自己。现在我刚刚有点生气，我能放开胆子喜欢一个女人，我反而怕人家骂？哼，让大家说吧，周家大少爷看上他家的女下人，怕什么，我喜欢她。

《雷雨》的上引选段表现周家少爷周萍爱上侍女鲁四凤，先是碍于封建礼教及家规，不敢公开与四凤的关系，继而又决心突破封建礼教的束缚，大胆追求爱情的感情变化。从语言和结构上看，上引选段完全符合剧本的基本特征。在全段的开头部分是"舞台说明"，对场景与布景做了详细说明，词语典雅，句子规范，文风平实客观，如"望望花园，冷清清的""绿荫荫的树丛""奇怪的哨音""轻轻地跑进来"等，是典型的书面语言。剧本中还用了许多"排演提示"，如选段中的"（回头，低声，热烈地）（推她到沙发前）（温柔地）（急躁地）"等。"排演提示"一般都放在括号内，词语非常简洁，以单词为主，少用或不用短语或句子。跟上面两个部分相比，"台词"是其中最主要的组成部分，台词包括对话和自白，是典型的口语体，包括大量的无主语句。

下面是选段的英译文：

THUNDERSTORM

(excerpt) Cao Yu

Zhou Ping appears from the dining-room. He is alone. He peers out at the garden. It is silent and deserted. He tiptoes across to the door of the study. The study is empty. He suddenly remembers that his father is seeing visitors in another part of the house. Reassured by this thought, he goes over to the window again, opens it, and looks out at the green, tree-canopied garden. He gives a peculiar whistle and calls "Sifeng" several times in a low voice. Lu Sifeng slips stealthily into the room.

PING: (turning and speaking softly and with warmth) Sifeng! (He takes her hands in his.)

FENG: No. (Pushing him away.) Don't. (Listen tensely and glancing all round.) There may be someone about.

PING: Not a soul, Feng. Come and sit down. (He steers her to a sofa.)

FENG: (uneasily) Where's the master, then?

PING: Oh, he is seeing the visitors in the large drawing room.

FENG: (sitting down, then looking up to his face with a long sigh) It's always like this, always underhand.

PING: Mm.

FENG: You don't even dare call out my name.

PING: That's why I'm leaving.

FENG: (after a moment's thought) I'm really sorry for the mistress after the way the master lost his temper with her. It's the time he's seen her since he's been back, too.

PING: What of?

FENG: In case the master should find out about us. I'm terrified. You said once you'd tell him about us.

PING: (shaking his head, darkly) There are worse things than that to worry about.

FENG: Such as?

PING: (suddenly) You haven't heard anything?

FENG: Eh? (after a pause) Why? no.

PING: Nothing about me?

FENG: No.

PING: Have you never heard anything at all?

FENG: (finding the topic distasteful to her) No, never.— What do you mean, anyway?

PING: Well, er–oh, nothing. Nothing at all.

FENG: (earnestly) I trust you. I trust you to be true to me, always. That's all I want.— A little while ago you were saying you'd be leaving for the mine tomorrow.

PING: I told you all about it last night.

FENG: (coming straight to the point) Why won't you take me with you?

PING: Because— (He smiles) because I don't choose to.

FENG: But you know I'll leave this job sooner or later. Any day the mistress is likely to give me the sack— perhaps even today.

PING: (to whom such a possibility has never occurred) Give you the sack— but why should she want to do that?

FENG: Never you mind why. PING But I want to know.

FENG: Well, for not doing my job properly, of course. Though I may be wrong–making wild guesses.— I don't expect she will, though. (after a pause) You will take me with you, won't you, Ping?

PING: No.

FENG: (tenderly) I'll do everything I can to make you comfortable, Ping. You need someone like me to look after you. I'll cook for you and sew on your button and darn your socks for you— I'm very good at all that sort of thing— if only you'll let me go with you. (Zhou Ping says nothing.)

FENG: I know for certain that once you get away from home you'll be lost without someone to look after you.

PING: But don't you see, Feng? I just can't take you with me.— Now don't you think you're being rather childish about it?

FENG: Do take me with you, Ping. I promise I won't be any trouble to you. If people started gossiping about you because of me, I'll go away at once. You needn't be afraid of scandal.

PING: (irritably) Now, Feng, you don't imagine I'm that selfish, don't you? You musn't think I'm that sort.—Humph. Afraid of scandal indeed? (unable to restrain himself) For years now my heart has been dead, and for years I've hated myself with all the hatred I could muster. Do you imagine that now, now that I've begun to revive and summoned up the courage to fall in love with a woman—do you imagine I'm going to start worrying about what people say? Huh. Let them say. Let them say what they like about "young Mr. Zhou falling for one of the servants"—What do I care? I love her.

（王佐良 译）

英译文保留了原文的特色，使用不同语体的英语来处理原作中三种主要文体。例如，在开头部分即"舞台说明"，译者使用规范的现代英语来翻译，句子规范，词语典雅，文风平实客观；而在对话部分即"台词"中，大量使用英语口语的句式与词汇，绝大部分是不完整句或不规范句，几乎没有典雅正式的书面语汇，对人的称呼使用昵称等。在"排演提示"中，则大量使用单词或简单的短语，十分生动准确。

二、戏曲简介翻译

戏曲是中华民族宝贵的文化遗产，融诗歌、音乐、舞蹈、美术为一体，是一门综合表演艺术，也是一种重要的文学体裁。宏观而言，对戏曲的简介（synopsis）进行翻译有助于将我国丰富的古典艺术介绍给世界各国人民，传播和弘扬中华文化；微观而言，戏曲简介的翻译有助于外国观众更好地理解相关戏曲的情节，在观赏过程中获得更好的审美体验。例如：

太尉高俅之子高衙内欲夺林冲之妻，定下卖刀计，将林骗至军机重地白虎堂，从而铸成冤狱。将林冲发配沧州，并买通解差欲在野猪林加害于林，幸遇鲁智深相救。高俅又派陆谦等人追至沧州，火烧草料场，欲置林于死地。于是林冲怒杀陆谦等人，与鲁智深一同投奔梁山。

The story is from *a Chinese historical novel Romance of the Three Kingdoms.*

Magistrate Gao Qiu's son, was struck by a beauty who was Lin Chong's wife and wanted to seize her as his wife, so he used a stratagem for calling Lin Chong into a safe care registry, the White Tiger Hall, and framed a case against Lin Chong. So Lin Chong was sent under escort to Cangzhou. Gao Qiu told the escorts to kill Lin Chong secretly in the Wild Boar Forest on the way to Cangzhou. In the Wild Boar Forest Lu Zhishen rescued Lin Chong. So Gao Qiu sent Lu Qian and some ones to Cangzhou, where they burned down the fodder ground, so as to bury Lin Chong. Lin Chong killed Lu Qian and his fellows, and went to Liangshan for shelter together with Lu Zhishen.

这是北京某著名剧院网站上有关京剧《野猪林》的简介及其英语译文。简单对照原文浏览一下，就可以发现译文中的翻译错误可谓比比皆是，让人触目惊心。例如，古典名著《水浒传》竟被译为 *a Chinese historical novel Romance of the Three Kingdoms*。《水浒》的英文译名众多，其中有三个更为人们所熟知，它们分别是 *Water Margin*（J. H. Jackson，1937），*Outlaws of the Marsh*（Sidney Shapiro，1980）和 *All Men Are Brothers*（Pearl Buck，1933），其中前两个英文译名更为常见。*Romance of the Three Kingdoms* 是《三国演义》的英文译名，在这里显然属于张冠李戴了。wanted to seize her as his wife 与“欲夺林冲之妻”的意思相差甚远，正确的译法应为 lust after her。a historical novel 的意思是“历史小说”，即以历史为题材的小说，而不是古典小说，因此正确的译法应是 a classical novel。宋朝的太尉为正二品高官，可译为 Marshal 或 Grand Marshal，而不是 Magistrate（其意思是“地方法官”或“治安官”）。原文中的“卖刀计”本身就是一段故事，如果译出来，会使得该简介显得过长，过于啰唆，因此可以考虑运用省译策略，将其淡化隐去。“军机重地”应是 a highly important and confidential place 或是 a place of great importance and high confidentiality，但绝不会是 a safe care registry，这纯属错译乱译。类似的错误还有很多。例如，“铸成冤狱”在英语里一般不用 frame a case against somebody 这样的表达方法，但可以说 rig a case against somebody，cook up a case against somebody，concoct a case against somebody 等，或是用 frame a person for something。我们也不可能说 burn down the fodder ground，so as to bury somebody，但可以说 burn down a building 或是 set fire to a place and burn somebody to death（把某人烧死）等。请看下列译文。

The story is adapted from a well-known Chinese classical novel *Water Margin*, also known as *Outlaws of the Marsh*. Gao Yanei, the lecherous foster son of the Grand Marshal Gao Qiu, lusts after a beautiful woman who happens to be the wife of Lin Chong, head training instructor of the imperial Guards. Gao tricks Lin into carrying a saber to the White Tiger Hall, where high-ranking officials discuss important and highly confidential military affairs and therefore no officers are allowed to carry a weapon into it. So Lin is framed for an assassination attempt and exiled to Cangzhou. Gao bribes the guards to finish Lin off in a place called Wild Boar Forest while on their way to Cangzhou, but Lin is saved by his friend Lu Zhishen, the monk. Gao sends Lu Qian to Cangzhou in another attempt to murder Lin there. Lu sets fire to a grain and fodder storage field in the hope of burning Lin to death. In a fury, Lin kills Lu Qian and his men, and then flees with Lu Zhishen to Liangshan.

三、戏曲名的翻译

（一）意译

至上酒席时，贾母又命宝钗点。宝钗点了一出《鲁智深醉闹五台山》。

（曹雪芹《红楼梦》第二十二回）

When the feast was ready the Lady Dowager told Baochai to select another opera, and she asked for *The Drunk Monk*.

（杨宪益、戴乃迭 译）

《鲁智深醉闹五台山》：清初昆曲折子戏，通名《山门》或《醉打山门》，出自明清之际戏曲家丘园（一说朱佐朝）《虎囊弹》一剧。

林黛玉道："安静看戏罢，还没唱《山门》，你倒《妆疯》了。"说的湘云也笑了。于是大家看戏。

（曹雪芹《红楼梦》第二十二回）

"Do be quiet and watch," said Daiyu. "Before we've seen the *The Drunk Monk* you're playing *The General Feigns Madness*."

（杨宪益、戴乃迭 译）

《山门》又名《鲁智深醉打五台山》或《醉打山门》，亦称《三门》，是清初朱佐朝所作《虎囊弹》传奇中的一出。说鲁智深在打死恶霸郑屠之后，为避祸到五台山出家，喝醉了酒，打坏了寺院和僧人，被师傅智真长老遣送到东京大相国寺的故事。

于是忽而想到赵太爷的威风，而现在是他的儿子了，便自己也渐渐的得意起来，爬起身，唱着《小孤孀上坟》到酒店去。

（鲁迅《阿 Q 正传》）

And then the thought of the prestige of Mr. Zhao, who was now his son, gradually raised his spirits. He scrambled up and made his way to the tavern singing *The Young Widow at Her Husband's Grave*.

（杨宪益、戴乃迭 译）

（贾母）指湘云道："我像他这么大的时节，他爷爷有一班小戏，偏有一个弹琴的凑了来，即如《西厢记》的《听琴》，《玉簪记》的《琴挑》，《续琵琶》的《胡笳十八拍》，竟成了真的了，比这个更如何？"众人都道："这更难得了。"贾母便命个媳妇来，吩咐文官等叫他们吹一套《灯月圆》。媳妇领命而去。

（曹雪芹《红楼梦》第五十四回）

Pointing at Xiangyun she added, "When I was her age, her grandfather had an opera troupe in which someone performed real lyre music when they played '*Listening to the Lyre*' from *The Western Chamber*, '*Seduction by the Lyre*' in *The Romance of the Jade Hairpin* and '*Eighteen Songs to the Hun-nish Pipe*' in *The Lute Player's Return*. What do you think of that?"

All admitted that such a thing was even rarer. Then the old lady told servants to order Wenguan and her troupe to play with lute and flute *Full Moon at the Lantern Festival*, and they went off to carry out her instructions.

（杨宪益、戴乃迭 译）

The Romance of the Jade Hairpin: By the Ming playwright Gao Lian.

The Lute Player's Return: By Gao Lian, Gao Xueqin's grandfather.

《听琴》：传统昆曲折子戏。原为王实甫《西厢记》中的一折。昆曲演出本大都源于明李日华的改编本《南西厢记》。《寻梦》：《牡丹亭》第十二出。《玉簪记》：明高濂写的传奇剧本，描写尼姑陈妙常摆脱宗教羁绊，嫁给书生潘必正的故事。《琴挑》是该剧第十六出，原名《奇弄》，舞台演出本称《琴挑》，叙潘陈二人借琴传情事。《续琵琶》：是曹雪芹祖父曹寅写的传奇。写汉末蔡邕的女儿蔡文姬，被南匈奴掠走，后为曹操设法赎归，夫妻得以团圆。剧中《制拍》一出表现出蔡文姬写作《胡笳十八拍》，以倾诉自己一生的不幸遭遇（张俊等，1987）。

（二）直译

贾珍一时来回：“神前拈了戏，头一本《白蛇记》。”贾母问“《白蛇记》是什么故事？”贾珍道：“是汉高祖斩蛇方起首的故事。第二本是《满床笏》。”贾母笑道：“这倒是第二本上？也罢了。神佛要这样，也只得罢了。”又问第三本，贾珍道：“第三本是《南柯梦》。”贾母听了便不言语。贾珍退了下来，至外边预备着申表、焚钱粮、开戏，不在话下。

（曹雪芹《红楼梦》第二十九回）

Presently Jia Zhen came to report that lots had been drawn before the shrine for the operas, and the first was to be *The White Serpent*.

"What's the story?" asked the old lady.

"It's about the First Emperor of Han who killed a serpent. then founded the dynasty. The second is *Every Son a High Minister*."

"So that's the second?" The Lady Dowager nodded, smiling. "Well, if this is the wish of the gods, what must be must be. And what's the third?"

"*The Dream of the Southern Tributary State*."

At this she made no comment. Jia Zhen withdrew to prepare the written prayers, burn incense and order the actors to start. But no more of this.

（杨宪益、戴乃迭 译）

Every Son a High Minister: A story about Guo Ziyi of the Tang Dynasty.

The Dream of the Southern Tributary State: Based on a Tang story in which a scholar had a dream of great wealth and splendour; then he woke up and found it was just an empty dream.

《白蛇记》：明代无名氏弋阳腔剧本，演刘邦斩白蛇起义故事。

宝钗推让一遍，无法，只得点了一折《西游记》。贾母自是喜欢，然后便命凤姐点。凤姐亦知贾母喜热闹，更喜谑笑科诨，便点了一出《刘二当衣》。

（曹雪芹《红楼梦》第二十二回）

The Lady Dowager called on Baochai to name her choice. The girl declined the honor at first but finally, to the old lady's delight, named a scene from *Pilgrimage to the West*. Next, Xifeng was ordered to take her pick. And knowing the old lady's liking for lively plays, especially comedies and burlesques, she pleased her even more by selecting *Liu Er Pawns His Clothes*.

（杨宪益、戴乃迭 译）

《刘二当衣》：弋阳腔剧目。自明传奇《裴度还带记》（沈采著）第十三出《刘二勒债》改编。

凤姐儿立起身来答应了一声，方接过戏单，从头一看，点了一出《还魂》，一出《弹词》，递过戏单去说："现在唱的这《双官诰》，唱完了，再唱这两出，也就是时候了。"

（曹雪芹《红楼梦》第十一回》

Xifeng rose to signify obedience. Taking the list she read through it and marked *The Resurrection* and *The Rhapsody*. Handing it back she observed, "When they've finished this *Double Promotion*, there'll be just time enough for these two."

（杨宪益、戴乃迭 译）

The Resurrection: A scene from The Peony Pavilion, by the Ming playwright Tang Xianzu.

The Rhapsody: A scene from *The Palace Youth*, by the Qing playwright Hong Sheng.

Double Promotion: A popular opera chosen for its auspicious title.

《还魂》：汤显祖《牡丹亭》第三十五出，亦名《回生》。

《弹词》：洪升《长生殿》第三十八出。演唐明皇与杨贵妃的爱情故事。

《双官诰》：传奇名，清陈二白撰。今京剧、川剧、湘剧、汉剧、晋剧等有《三娘教子》，均由此而来。

贾蔷忙答应了，因命龄官作《游园》《惊梦》二曲。龄官自为此二曲原非本角之戏，执意不作，定要作《相约》《相骂》二出。贾蔷扭他不过，只得依他作了。

（曹雪芹《红楼梦》第十八回）

Jia Qiang hastily agreed and suggested "*A Visit the Garden*" and "*The Dream*" . But since neither formed part of her repertoire, Lingguan insisted "*The Pledge*" and "*The Quarrel*" instead. And Jia Qiang had to let her have her way.

（杨宪益、戴乃迭 译）

The Dream: Two more scenes from *The Peony Pavilion*.

The Quarrel: Scenes from *The Hairpin and the Bracelet* by a Ming playwright by the pseudonym of *Mater of the Moon Pavilion*.

《游园》《惊梦》：即汤显祖《牡丹亭》第十出《惊梦》。昆曲演出本分为两出，前半为《游园》，后为《惊梦》。

正唱《西楼·楼会》这出将终，于叔夜因赌气去了，那文豹便发科诨道："你赌气去了，恰好今日正月十五，荣国府中老祖宗家宴，待我骑了这马，赶进去讨些果子吃是要紧的。"

（曹雪芹《红楼梦》第五十三回）

This was towards the end of the scene "*Encounter in the Tower from The West Tower*", when Yu Shuye flings off in a rage. The girl playing Wenbao adlibbed:

"So you're leaving in a huff. Luckily this is the fifteenth of the first month, and the Old Ancestress of the Rong Mansion is holding a family feast. I'm going to ride there as fast as I can on this horse to ask for some goodies now. That's the thing to do."

（杨宪益、戴乃迭 译）

The West Tower: By Yuan Yulin, a Qing playwright.

当下天未二鼓,戏演的是《八义》中《观灯》八出。正在热闹之际,宝玉因下席往外走。

（曹雪芹《红楼梦》第五十四回）

It was not yet the second watch. Eight scenes from *Eight Gallants* at the *Lantern Festival* were being performed, and the climax had just been reached when Baoyu rose to go out.

（杨宪益、戴乃迭 译）

秋纹笑道:“外头唱的是《八义》,没唱《混元盒》,那里又跑出‘金花娘娘’来了。”

（曹雪芹《红楼梦》第五十四回）

“They’re playing *The Eight Gallants* over there, not *The Magic Box*,” quipped Qiuwen. “So where does this Goddess Jinhua come from?”

（杨宪益、戴乃迭 译）

（贾母）说着又道:“叫葵官唱一出《惠明下书》,也不用抹脸。只用两出叫他们听个疏异罢了。若省一点力,我可不依。”文官等听了出来,忙去扮演上台,先是《寻梦》,次是《下书》。众人都鸦雀无声。

（曹雪芹《红楼梦》第五十四回）

She then told Kuiguan. “Sing that aria ‘*Huiming Delivers a Letter*’ and don’t trouble to make up. Just sing a couple of scenes to amuse these ladies with our amateur style. But mind you do your best.”

Wenguan and the others assented and withdrew to change their clothes. First they staged “*Seeking the Dream*”, then “*The Letter Is Delivered*”. All listened in absolute silence.

（杨宪益、戴乃迭 译）

众皆不识,听见外面人说:“这是新打的《蕊珠记》里的《冥升》。小旦扮的是嫦娥,前因堕落人寰,几乎给人为配,幸亏观音点化,她就未嫁而逝,此时升引月宫。”

（曹雪芹《红楼梦》第八十五回）

No one knew what opera this was till they heard it said outside that this was the scene “*Returning to Heaven from Hell*” from the new opera *The Tale of Ruizhu*. The girl was the moon goddess who descended to earth and became betrothed to a mortal; luckily the goddess Guanyin had shown her the right course and she died before her marriage took place. She was now going back to the moon.”

（杨宪益、戴乃迭 译）

The Tale of Ruizhu: the playwright is unknown.

少刻,摆上酒席,打动锣鼓,一个人上来做一出戏。也有做《请宴》的,也有做《窥醉》的,也有做《借茶》的,也有做《刺虎》的,纷纷不一。后来王留歌做了一出《思凡》。

（吴敬梓《儒林外史》第三十一回）

Soon the feast was served, and music sounded as the first actor ascended the stage. One acted “*The Feast*”, another “*The Drunken Singer*”, yet others “*Borrowing Tea*” or “*Killing the Tiger*”. No two scenes were the same. Wang Liu-ko presented “*The Nun Longs for Earthly Pleasures*”.

（杨宪益、戴乃迭 译）

四、其他戏曲知识的译法

（一）唱戏的原因——直译

且今是薛姨妈的生日,自贾母起,诸人皆有祝贺之礼。黛玉亦早备了两色针线送去。是日也定了一本小戏请贾母王夫人等,独有宝玉与黛玉二人不曾去得。……次日,薛姨妈又命薛蝌陪诸伙计吃了一天酒,连忙了三四天方完备。

（曹雪芹《红楼梦》第五十七回）

That day was Aunt Xue's birthday. Everybody from the Lady Dowager down gave her presents, and Daiyu also sent over two pieces of her own embroidery. Aunt Xue had hired a company of actresses and at her invitation the old lady, Lady Wang and the whole family except Baoyu and Daiyu went to watch the performance... The next day Aunt Xue made Xue Ke keep their shop assistants company at a whole day's feasting. The celebration lasted for three or four days.

（杨宪益、戴乃迭 译）

（二）唱戏的社会地位——直译

（尤氏）又说"这些人原是买的，如今虽不学唱，尽可留着使唤，令其教习们自去也罢了。"王夫人因说："这学戏的倒比不得使唤的，他们也是好人家的儿女。因无能卖了做这事。装丑弄鬼的几年。如今有这机会，不如给他们几两银子盘缠，各自去罢。当日老祖宗手里都是有这例的。咱们如今损阴坏德，而且小器。"

（曹雪芹《红楼梦》第五十八回）

"We bought these girls," they told her, "so even stop training them we can keep them on as maids, just dismissing their instructors."

"We can't treat them as servants," objected Lady Wang. "They're the daughters of respectable families, whose parents being unable to make a living sold them into this low trade to dress up as ghosts and demons for several years. Here's our chance to give them a few taels of silver as traveling-ex-penses would be unkind, and niggardly too."

（杨宪益、戴乃迭 译）

赵姨娘也不答话，走上来便将粉照着芳官脸上撒来，指着芳官骂道："小淫妇！你是我银子钱买来学戏的，不过娼妇粉头之流！我家下三等奴才也比你尊贵些，你都会看人下菜碟儿。宝玉要给东西,你拦在头里,莫不是要了你的了?拿这个哄他,你只当他不认得呢!好不好,他们是手足,都是一样的主子,那里有你小看他的!"

(曹雪芹《红楼梦》第六十回)

Instead of answering, she stepped forward and threw the powder in Fangguan's face.

"You trollop!" she swore, pointing a finger at her. "We bought you with our money to train as an actress. You're nothing but a painted whore. Even the lowest slave in our house ranks higher than you, yet you make up to some people and look down on others. When Baoyu wants to give someone a present you stop him, as if it were your property. And you fob this stuff off on my son, imagining he doesn't know the difference. They're both sons of the house, young masters. Who are you to treat him like dirt?"

(杨宪益、戴乃迭 译)

(三)角色的译法——意译

原来明日是端午节,那文官等十二个女子都下了学,进园来各处玩耍。可巧小生宝官、正旦玉官两个女孩子,正在怡红院和袭人玩笑,被大雨阻住。

(曹雪芹《红楼梦》第三十回)

Now as this was the eve of the Double Fifth Festival, the twelve young actresses had been given a holiday and were amusing themselves in different parts of the Garden. Baoguan who played young scholars and Yuguan who played young ladies were enjoying themselves in Happy Red Court with Xiren, when it came on to rain.

(杨宪益、戴乃迭 译)

贾母便留下文官自使,将正旦芳官指与宝玉,将小旦蕊官送了宝钗,将小生藕官指与了黛玉,将大花面葵官送了湘云,将小花面豆官送了宝琴,将老外艾官送了探春,尤氏便讨了老旦茄官去。

（曹雪芹《红楼梦》第五十八回）

Of those who chose to remain, Wenguan was kept by the Lady Dowager, most of the rest being sent to different apartment in the Garden. Fangguan who played the part of young ladies was assigned to Baoyu; Ruiguan who played part maids to Baochai; Ouguan who played young gentlemen to Daiyu; Kuiguan who played the chief warriors to Xiangyun; Douguan who played lesser warriors to Baoqin; and Aiguan who played old men to Tanchun. Madam You then took Jiaguan whose role was old women.

（杨宪益、戴乃迭 译）

第三节　汉语唐诗文化及其英译

诗歌外在形式独特,音韵节奏突出,意境生成方式多样,蕴涵丰富。诗歌的这些区别性特征均带有鲜明的审美性,因此在诗歌翻译实践中,再现诗歌的审美艺术性需遵循三个原则:音美,就是要忠实传达原作的音韵、节奏、格律等方面所表现的美感,使译文“有节调、押韵、顺口、好听”;形美,就是要传达原作所具有的文化特性与诗学表现功能,并且要保持诗歌分行的艺术形式;意美,就是要忠实地再现原诗的物境,深刻反映原诗的意境,使译文读者得到与原文读者相同的意境。

一、唐诗词牌英译

词起源于唐代,盛行于宋朝。开始主要是为达官贵人在酒宴或是聚会场所饮酒吟唱时作的歌词。每种词都有一种格式,有一个很雅的词牌,如“蝶恋花”“千秋岁”等。后来,文人墨客进一步规范其韵律,丰富其内涵,使之文辞更加优美,易于吟唱,随时间流逝，终于形成了一个喜闻乐见的文学流派。今天人们仍说“唐诗宋词”乃国之精粹。

(一)常见古词牌英译

常见普通古词牌名没有什么历史典故，或有但已无法考证，或取自前人的某个词句，或只是为取一风雅的名字而已。在这种情况下，按字面意思直译成英文，就可较好地保留原文的风格并传达原词牌的神韵和美感形象。尽管大多数时候，词牌与音乐或词中内容的关系不大，作者填词时，只视乎哪种词调形式更符合自己的需要，基本可以不考虑词牌名称的原有含义和原来词曲的内容。因此，词牌在一般意义上不过是标明作者是依哪一种现成的曲谱填词而已。然而，将词牌名译成英文时就不能不在传达词牌的神韵和美感的同时，考虑它的历史来源和反映其格律，以求保留一点汉诗词牌的古风古韵及其风雅。例如：

相见欢 Joy at Meeting

踏莎行 Strolling on Grass

宴山亭 Yanshan Kiosk

摸鱼儿 Groping for Fish

夜半乐 Joy at Midnight

满江红 The River All Red

点绛唇 Rouged Lips

最高楼 The Highest Tower

昼夜欢 Joy of Day and Night

风入松 Breeze through Pines

临江仙 The Immortal on the River

御街行 Walking on the Royal Street

千秋岁 Thousands of Autumn Passing-By

贺新郎 Congratulations on a Bridegroom

汉语诗歌喜用“春”“秋”“香”“青”“芳”“花”“寒”“鸟”“云”“仙”“梦”等字入诗，在唐宋词牌中也不例外。翻译时可保留其

情感含义,以“雅”译“雅”。例如:

暗香 Unknown Fragrance

天香 Fragrance from the Heaven

桂枝香 Fragrance of Cassia Twigs

绮罗香 Fragrance of a Lady's Silks

满庭芳 Fragrance Filling the Courtyard

秋夜曲 Song of Autumn Night

汉宫春 Spring in Han Palace

玉楼春 Spring in Jade Pavilion

庆宫春 Spring in Qinggong Palace

柳梢青 Willow Branches Turning Green

一丛花 An Inflorescence of Flowers

蝶恋花 Butterflies over Flowers

双飞燕 Pairs of Swallows

鹧鸪天 Partridges in the Sky

夜飞鹊 Magpies Flying at Night

锁窗寒 Cold in the Locked Window

(二)其他词牌英译

子夜歌 Song of Midnight

竹枝词 Song of Bamboo Branches

更漏子 Song of a Midnight Water Clock

南歌子 Song from the South; Songs in Lingnan Style

调笑令 Song of Flirtation

摊破浣溪沙 Lengthened Form of Silk-Washing Stream

念奴娇 Charm of Lady Nian Nu

虞美人 The Beautiful Lady Yu

二、唐诗英译

诗词能够加深中国读者的印象，增添读者对美的享受，这种写作手法符合中国读者的审美心理。但是，对外国读者来说，他们对中国诗词往往感到陌生，而且外国读者的思维与中国读者的思维不同，中国人注重审美和想象，西方人注重逻辑和事实。例如：

孟浩然的《春晓》。春眠不觉晓，处处闻啼鸟。夜来风雨声，花落知多少。

This spring morning in bed I'm lying,
Not to awake till birds are crying.
After one night of wind and showers,
How many are the fallen flowers!

白居易的《大林寺桃花》。人间四月芳菲尽，山寺桃花始盛开。长恨春归无觅处，不知转入此中来。

All flowers in late spring have fallen far and wide,
But peach blossoms are full-blown on this mountainside.
I often regret spring's gone without leaving its trace,
I do not know it's come up to adorn this place.

参考文献

[1] 艾瑞克·克莱默(Eric Mark Kramer). 全球化语境下的跨文化传播 [M]. 刘杨,译 . 北京:清华大学出版社,2015.

[2] 马慧 . 英汉语篇衔接手段对比及其翻译 [D]. 兰州:兰州大学,2017.

[3] 白靖宇 . 文化与翻译(修订版)[M]. 北京:中国社会科学出版社,2010.

[4] 陈浩东,等 . 翻译心理学 [M]. 北京:北京大学出版社,2013.

[5] 陈坤林,何强 . 中西文化比较 [M]. 北京:国防工业出版社,2012.

[6] 张维友 . 英汉语词汇对比研究 [M]. 上海:上海外语教育出版社,2010.

[7] 何善芬 . 英汉语言对比研究 [M]. 上海:上海外语教育出版社,2002.

[8] 何远秀 . 英汉常用修辞格对比研究 [M]. 成都:西南交通大学出版社,2011.

[9] 胡文仲 . 英美文化辞典 [M]. 北京:外语教学与研究出版社,1995.

[10] 黄成洲 . 英汉翻译技巧——译者的金刚钻 [M]. 西安:西北工业大学出版社,2008.

[11] 金惠康 . 跨文化交际翻译续编 [M]. 北京:中国对外翻译出版公司,2004.

[12] 李建军 . 文化翻译论 [M]. 上海:复旦大学出版社,2010.

[13] 卢红梅 . 华夏文化与汉英翻译(第二部)[M]. 武汉:武汉

大学出版社，2008.

[14] 卢红梅 . 华夏文化与汉英翻译 [M]. 武汉：武汉大学出版社，2006.

[15] 马会娟 . 汉英文化比较与翻译 [M]. 北京：中国对外翻译出版有限公司，2014.

[16] 宿荣江 . 文化与翻译 [M]. 北京：中国社会出版社，2009.

[17] 孙艺风 . 视角 · 阐释 · 文化——文学翻译与翻译理论 [M]. 北京：清华大学出版社，2004.

[18] 孙英春 . 跨文化传播学导论 [M]. 北京：北京大学出版社，2008.

[19] 汪德华 . 中国与英美国家习俗文化比较 [M]. 杭州：浙江大学出版社，2011.

[20] 王军霞 . 汉语教学中英汉习语文化空缺现象研究 [D]. 济南：山东师范大学，2016.

[21] 闫文培 . 全球化语境下的中西文化及语言对比 [M]. 北京：科学出版社，2007.

[22] 严明 . 大学英语翻译教学理论与实践 [M]. 长春：吉林出版集团有限责任公司，2009.

[23] 杨丰宁 . 英汉语言比较与翻译 [M]. 天津：天津大学出版社，2006.

[24] 殷莉，韩晓玲 . 英汉习语与民俗文化 [M]. 北京：北京大学出版社，2007.

[25] 张全 . 全球化语境下的跨文化翻译研究 [M]. 昆明：云南大学出版社，2010.

[26] 曹润霞 . 英汉禁忌语对比与翻译 [J]. 知识经济，2015（7）.

[27] 张镇华 . 英语习语的文化内涵及其语用研究 [M]. 北京：外语教学与研究出版社，2007.

[28] 雷晓宇，王治江 . 英汉习语翻译中的文化共享与文化亏损 [J]. 华北理工大学学报，2019（1）.

[29] 钟书能 . 英汉翻译技巧 [M]. 北京：对外经济贸易大学出

版社，2010.

[30] 成程．中西饮食文化差异与菜肴翻译技巧分析 [J]. 湖北函授大学学报，2018（12）.

[31] 黄佶．跨文化翻译需要树立六个重要观念 [J]. 华东师范大学学报，2018（6）.

[32] 韩暖．汉英禁忌语对比分析及其在跨文化交际中的回避策略 [D]. 哈尔滨：哈尔滨师范大学，2016.

[33] 蔡晓琳．中西饮食文化对比分析 [J]. 经济研究导刊，2013（6）.

[34] 李琳琳，丛丽．基于文化翻译理论的中国建筑文化翻译策略探究 [J]. 长春教育学院学报，2015（20）.

[35] 刘鑫梅，赵禹锡，刘倩．跨文化传播视阈下我国传统文化对外传播探析 [J]. 传媒论坛，2018（14）.

[36] 刘秀琴，董娜．跨文化交际中的英汉“委婉语”探讨 [J]. 山西广播电视大学学报，2018（4）.

[37] 马国志．文化视域下的英汉习语对比与翻译 [J]. 科教文汇，2019（3）.

[38] 马昕．英汉句子结构对比分析 [J]. 学科探究，2017（3）.

[39] 刘兰君．英汉禁忌语之文化差异透视 [J]. 教育现代化，2018（28）.

[40] 朱彤彤．英译汉翻译中的词汇对比 [J]. 文化与探索，2017（2）.

[41] 祝一舒．试论许渊冲翻译的文化立场与使命担当 [J]. 外语研究，2018（5）.

[42] 陈顺意．“特朗普”还是“川普”——论英语人名地名翻译的原则 [J]. 凯里学院学报，2018（4）.

[43] 成程．中西饮食文化差异与菜肴翻译技巧分析 [J]. 湖北函授大学学报，2018（12）.

[44] 蔡静．浅析中西价值观差异 [J]. 辽宁行政学院学报，2014（4）.

[45] 黄曼 . 汉语习语变异研究概述 [J]. 社会科学战线,2014(12).

[46] 林景英 . 建筑英语的词汇句法特征及其翻译 [J]. 飞天,2011(22).

[47] 陈雪 . 浅析英汉翻译中的词汇和句法对比 [J]. 长春教育学院学报,2013(11).

[48] 杜倩 . 汉英植物词语文化语义对比研究 [D]. 保定:河北大学,2011.

[49] 李杰玲 . 山与中国诗学——以六朝诗歌为中心 [D]. 上海:上海师范大学,2011.

[50] 杨万宁 . 汉英禁忌语对比研究 [D]. 哈尔滨:黑龙江大学,2012.

[51] 程绍华 . 从鲁迅作品看中西色彩词的差异与翻译转换 [J]. 价值工程,2011(11).

[52] 刘文硕 . 汉英翻译中的文化空缺现象及翻译策略 [J]. 戏剧之家,2017(14).

[53] 李欣 . 比较视野中的中西传统节日文化 [J]. 中州学刊,2008(4).

[54] 李宇明,王春辉 . 论语言的功能分类 [J]. 当代语言学,2019(1).

[55] 赖伟玲 . 跨文化交际中服饰商标的翻译研究 [J]. 盐城师范学院学报(人文社会科学版),2017(3).

[56] 雷冬娟 . 英汉颜色词对比与翻译 [J]. 安徽文学,2018(9).

[57] 李金燕,隋丹婷 . 传统美学观照下的服饰文化翻译策略探讨 [J]. 轻纺工业与技术,2016(6).

[58] 赵春晓 . 葛译莫言小说乡土语言动物文化负载词英译研究 [J]. 文教资料,2019(5).

[59] 赵旭亮 .《麦克白》中动物文化词的翻译 [J]. 开封教育学院学报,2018(5).

[60] 秦晓梅 . 浅析汉英翻译中的文化空缺现象及翻译策略 [J].

疯狂英语,2018(3).

[61] 苏花青.汉译英中的文化空缺现象及其翻译策略[J].信阳农林学院学报,2018(3).

[62] 赵云.英汉植物词汇文化对比与翻译[J].海外英语,2016(14).

[63] 丁婵婵.饮食文化与汉语国际推广[J].金田(励志),2012(10).

[64] 侯贺英,陈曦.文化体验理论对文化教学的启发[J].时代经贸,2012(2).

[65] 胡邵廷.英汉禁忌语和委婉语在英汉互译中的处理技巧分析[J].兰州交通大学学报,2013(2).

[66] 金娟.服饰习语中的隐喻现象及翻译[J].湖北成人教育学院学报,2013(3).

[67] 廖海娟.文化视角中的英汉翻译[J].湖南科技学院学报,2010(3).

[68] 徐志学.关于“典故”的思考[J].兰州学刊,2010(10).

[69] 刘美娟.中西地名命名及文化意蕴比较[J].浙江社会科学,2010(9).

[70] 彭杰.从文化、语言与翻译“三位一体”的关系再看归化与异化的选择[J].长春工业大学学报,2013(2).

[71] 张玉玲.文化传播视角下的中国服饰文化翻译策略研究[J].智库时代,2018(37).

[72] 张祖群.中西同质性节日的功能对比[J].广西社会科学,2013(11).

[73] 秦文杰.漫谈英汉词汇对比的异同[J].文化与探索,2017(4).

[74] 张建森.论翻译与文化的互动关系[J].湖北经济学院学报,2015(8).

[75] 张义桂.中西方传统思维方式的差异及成因[J].文史博览(理论),2016(6).

[76] 余志凯 . 浅议英语地名的翻译方法及其原则 [J]. 郧阳师范高等专科学校学报,2016（6）.

[77] 沈琳琳 . 传统服饰文化在大学英语翻译教学中的策略选择与翻译原则 [J]. 职教通讯,2015（21）.

[78] 刘丹彤,钱婧 . 试论地名翻译中文化内涵的保存和弘扬——以扬州瘦西湖公园景点翻译为例 [J]. 兰州教育学院学报,2015（2）.

[79] 王绍瑾 . 汉英语言中动物文化意象的互译研究 [J]. 湖南工业职业技术学院学报,2015（1）.

[80] 闫文培 . 对立统一的和谐理念观照下的跨文化翻译原则与策略 [J]. 阅江学刊,2010（4）.

[81] 张慧琴 . 全球化视阈下的服饰文化翻译研究从“头”谈起 [J]. 中国翻译,2012（3）.

[82] 郑凤兰 . 汉语习语的特征及其翻译方法研究 [J]. 赤峰学院学报,2013（12）.

[83] 包惠南,包昂 . 中国文化与汉英翻译 [M]. 北京：外文出版社,2004.

[84] 陈福康 . 中国译学理论史稿 [M]. 上海：上海外语教育出版社,2000.

[85]Davis Linell. *Doing Culture：Cross-Cultural Communication in Action*[M]. Beijing：Foreign Language Teaching and Research Press,2004.

[86]Halliday M. A. K. & Hasan R. *Cohesion in English*[M]. London：Longman,1976.

[87]Samovar L. & Porter R. *Communication between Cultures*[M]. Belmont, CA：Wadsworth Publishing Company,1995.

[88]Venuti L. *The Translator's Invisibiliy：A History of Translation*[M]. London and New York：Routledge,1995.